Führungs- und Organisationskonzepte im digitalen Zeitalter kompakt

Ralf T. Kreutzer

Führungs- und Organisations-konzepte im digitalen Zeitalter kompakt

Agilität erreichen, Prozesse beschleunigen, Change-Management implementieren

 Springer Gabler

Ralf T. Kreutzer
HWR Berlin
Berlin, Deutschland

ISBN 978-3-658-21447-0   ISBN 978-3-658-21448-7   (eBook)
https://doi.org/10.1007/978-3-658-21448-7

Die Deutsche Nationalbibliothek verzeichnet diese Publikation in der Deutschen Nationalbibliografie; detaillierte bibliografische Daten sind im Internet über http://dnb.d-nb.de abrufbar.

Springer Gabler

Gedruckt auf säurefreiem und chlorfrei gebleichtem Papier

Springer Gabler ist ein Imprint der eingetragenen Gesellschaft Springer Fachmedien Wiesbaden GmbH und ist ein Teil von Springer Nature
Die Anschrift der Gesellschaft ist: Abraham-Lincoln-Str. 46, 65189 Wiesbaden, Germany

Vorwort

Das digitale Zeitalter bringt tief greifende Veränderungen für Unternehmen mit sich. Diese beziehen sich nicht nur auf das Kundenverhalten, sondern auch auf das Agieren der Wettbewerber. Vieles wird schneller, vernetzter und dadurch auch komplexer. Unternehmen sind aufgefordert, diesen Anforderungen durch eine Weiterentwicklung der Unternehmensorganisation sowie durch die Weiterentwicklung der Führungsprozesse zu entsprechen. In diesem Buch werden wichtige Denkanstöße zur Bewältigung dieser Aufgabenstellungen vermittelt.

Zunächst geht es darum, das vielfach noch vorherrschende Denken in „Time-to-Market" in ein „Time-to-Value"-Denken weiterzuentwickeln. Dann stellt sich die Frage, wie durch ein stärkeres Empowerment der Mitarbeiter Prozesse beschleunigt werden können. Hierfür ist die Führung von einer transaktionalen zu einer transformationalen Führung weiterzuentwickeln. Um auch disruptiven Innovationen eine Chance zum Erfolg zu geben, ist die in Unternehmen dominierende Performance-Engine durch eine Innovations-Engine zu ergänzen. Die notwendige Agilität im Management kann zusätzlich durch die Form der Arbeitsorganisation sowie durch innovative Projekttechniken unterstützt werden.

Auf diese Handlungsnotwendigkeiten wird vertiefend in Kap. 2 und 3 eingegangen. In Kap. 1 erfolgt zunächst eine kurze Übersicht über die wichtigsten Herausforderungen, die mit dem digitalen Zeitalter verbunden sind. Ich wünsche informativen Lesespaß und erfolgreiche Anwendungen!

Ihr
Ralf T. Kreutzer

Königswinter, Berlin

Inhaltsverzeichnis

Über den Autor

Prof. Dr. Ralf T. Kreutzer ist seit 2005 Professor für Marketing an der Berlin School of Economics and Law sowie Marketing und Management Consultant. Er war 15 Jahre in verschiedenen Führungspositionen bei Bertelsmann (letzte Position Leiter des Auslandsbereichs einer Tochtergesellschaft), Volkswagen (Geschäftsführer einer Tochtergesellschaft) und der Deutschen Post (Geschäftsführer einer Tochtergesellschaft) tätig, bevor er 2005 zum Professor für Marketing berufen wurde.

Prof. Kreutzer hat durch regelmäßige Publikationen und Vorträge maßgebliche Impulse zu verschiedenen Themen rund um Marketing, Dialog-Marketing, CRM/ Kundenbindungssysteme, Database-Marketing, Online-Marketing, Social-Media-Marketing, Digitalem Darwinismus und strategischem sowie internationalem Marketing gesetzt und eine Vielzahl von Unternehmen im In- und Ausland in diesen Themenfeldern beraten. Seine jüngsten Buchveröffentlichungen sind „Corporate Reputation Management" (2013, zusammen mit C. Wüst), „B2B-Online-Marketing und Social Media" (2015, zusammen mit A. Rumler, B. Wille-Baumkauff), „Dematerialisierung – Die Neuverteilung der Welt in Zeiten des digitalen Darwinismus" (2015, zusammen mit K.-H. Land), „Digitaler Darwinismus – Der stille Angriff auf Ihr Geschäftsmodell und Ihre Marke" (2. Aufl., 2016, zusammen mit K.-H. Land), „Kundenbeziehungsmanagement im digitalen Zeitalter" (2016), „Erfolgreiches Dialog-Marketing im Modehandel" (2016), „Digital Business Leadership" (2016, zusammen mit T. Neugebauer und Annette Pattloch), „Online-Marketing – Studienwissen kompakt" (2016), „Praxisorientiertes Marketing" (5. Aufl., 2017), „Digitale Markenführung – Digital Branding in Zeiten des digitalen Darwinismus" (2017, zusammen mit K.-H. Land) und „Praxisorientiertes Online-Marketing" (3. Aufl., 2018).

Prof. Dr. Ralf T. Kreutzer
Professor für Marketing an der Berlin School of Economics and Law sowie Coach und Marketing-/Management-Consultant
Badensche Str. 50-51
10825 Berlin
kreutzer.r@t-online.de

1

Herausforderungen des digitalen Zeitalters

Zusammenfassung In diesem Kapitel wird aufgezeigt, wie sich die Herausforderungen für Führung und Organisation im digitalen Zeitalter verändert haben. Dabei werden die Veränderungen sowohl aufseiten der Kunden wie auch aufseiten der Technologien beleuchtet.

Was Sie aus diesem Kapitel mitnehmen

- Welches Ausmaß die Informationsüberlastung inzwischen erreicht hat
- Warum „Aufmerksamkeit" heute zum Engpass wird
- Wie sich die Kundenerwartungen verändert haben
- Warum wir in „noline" denken und handeln müssen
- Welche neuen Handlungsfelder die Technologien eröffnen

1.1 Veränderungen des Kundenverhaltens

Wir müssen uns heute der **Informationskonkurrenz** bewusst sein, die beim Kampf um die Aufmerksamkeit der Interessenten und Kunden zu überwinden ist, damit Botschaften ihre Empfänger überhaupt noch erreichen. Deshalb wird vielfach schon von einer **Attention-Economy**

© Springer Fachmedien Wiesbaden GmbH, ein Teil von Springer Nature 2018
R. T. Kreutzer, *Führungs- und Organisationskonzepte im digitalen Zeitalter kompakt*,
https://doi.org/10.1007/978-3-658-21448-7_1

gesprochen, weil die Aufmerksamkeit in vielen Lebensbereichen zum Engpassfaktor wird (vgl. Davenport und Beck 2001; Bernardy 2014). Hier wird die Aufmerksamkeit von Menschen als knappes Gut bezeichnet und als zentraler Einflussfaktor zur Erklärung menschlichen Verhaltens herangezogen. Durch die steigende Vernetzung der Menschen sowie die zunehmende Ausstattung mit „Smart Devices" verringern sich die Kosten für den Informationsaustausch immer weiter, während gleichzeitig dessen Intensität zunimmt. Der limitierende Faktor ist folglich weder die Schaffung noch die Verbreitung oder der Zugang zu Informationen, sondern die Aufmerksamkeit, die diesen geschenkt wird. **Aufmerksamkeit** wird damit zur knappen und somit erfolgsentscheidenden Ressource. Um in diesem Umfeld mit der unternehmerischen Kommunikation erfolgreich sein, hilft nur eines:

Relevanz, Relevanz, Relevanz!

Denn alle Menschen haben einen **Wahrnehmungsfilter** aufgebaut, um die Informationsflut unbeschadet „überleben" zu können. Dies hat zur Folge, dass immer weniger Informationen tatsächlich zu den Zielpersonen vordringen. Die heutige Situation zeigt Abb. 1.1. Dort ist die große Zahl der heute zu berücksichtigenden Medien

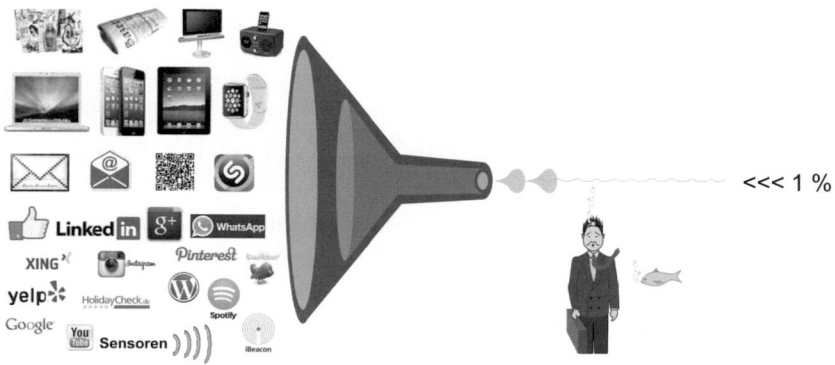

Abb. 1.1 Effekte der Informationskonkurrenz

zu sehen, die um unsere Aufmerksamkeit buhlen. Die klassischen Medien leisten dabei nur noch einen kleinen Beitrag zum gesamten Informationsangebot. Der tatsächliche Anteil der wahrgenommenen Informationen an der gigantisch großen Zahl der Informationsangebote liegt heute signifikant unter einem Prozent. Der Empfänger droht in dieser **Informationsflut** regelrecht unterzugehen. Wir kennen das alle: Ein Blick in unsere E-Mail-Inbox oder auf unser Smartphone genügt!

Dabei stehen wir hinsichtlich der Informationskonkurrenz erst am Anfang. Die **Anforderungen an eine unternehmerischen Kommunikation im digitalen Zeitalter** werden sich noch weiter massiv verändern (vgl. auch Burmann et al. 2015, S. 209–252). In den 1980er Jahren rangen pro Tag „nur" 700 Werbebotschaften um die Aufmerksamkeit der Kunden. Heute sind es vielfach schon zwischen 8000 und 12.000 Botschaften – pro Tag. Dabei ist die Bandbreite der entsprechenden Schätzungen ist sehr groß.

Zusätzlich dokumentiert ein Blick auf die **Kommunikationsdynamik in den Online-Kanälen** sehr eindrucksvoll, welche zusätzliche **Aufmerksamkeits- und Informationskonkurrenz** heute besteht. Abb. 1.2 zeigt, welche Dynamik in den sozialen Medien herrscht und

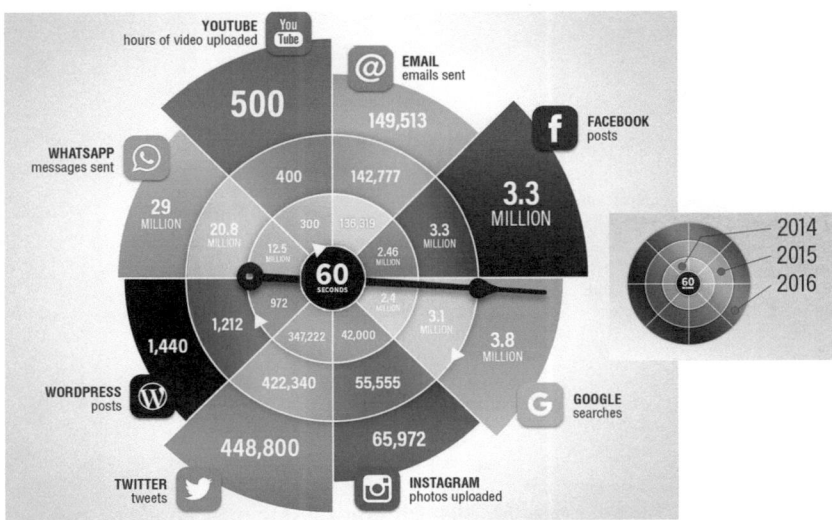

Abb. 1.2 Was passiert online in 60 s? (Quelle: Robert 2017)

welche Datenmengen hier innerhalb von 60 s bewegt werden. Bei *Facebook* werden über 3,3 Mio. Posts und bei *WhatsApp* ca. 29 Mio. Nachrichten versandt. In der gleichen Zeit werden bei *Twitter* über 450.000 Tweets eingestellt. Bei *YouTube* werden pro Minute 500 h neuer Video-Content hochgeladen. Es werden 150.000 E-Mails und 1440 *Wordpress*-Posts versendet. Bei *Instagram* kommen pro Minute knapp 66.000 Fotos dazu. Auch die Bewegungen auf anderen Plattformen können sich sehen lassen: Bei *Google* werden pro Minute knapp 3,8 Mio. Suchanfragen gestellt. Tendenz über alle Medien von 2014 bis 2016 stark steigend – mit Ausnahme von *Facebook!* Nicht umsonst wird bereits immer häufiger von **Content-Schock** gesprochen – der Überlastung mit einer unkontrollierbaren Flut an (neuen) Inhalten.

Diese Entwicklung deckt nur einen Teilbereich der Herausforderungen ab, die in der Kommunikation zu berücksichtigen sind. Die Gesamtheit der wichtigsten Entwicklungen zeigt Abb. 1.3. Wir haben es auf der **Kundenseite** oft mit immer kleineren Segmenten zu tun – bei hochindividualisierten Angeboten sind wir beim Segment-of-One angekommen. Dies ist eine große Chance – vor allem für die Dialog-Kommunikation. Gleichzeitig nehmen die **Produkt- und Servicevielfalt**

Abb. 1.3 Herausforderungen für die Differenzierung des eigenen Angebots und zur Kommunikation von Kundennutzen

sowie die **Markenvielfalt** zu, weil sich alle Unternehmen mehr oder weniger gezwungen sehen, mit neuen Produkten/Services und neuen Marken im Wettbewerb zu bestehen. Gleichzeitig gibt es eine bisher nicht gekannte **Kanalvielfalt**. Verschärft wird die gesamte Entwicklung dadurch, dass in allen vier Feldern eine **hohe Veränderungsdynamik** besteht. Die Kundensegmente werden immer kleiner, die Produkt- und Markenvarianten nehmen bei einer generellen Verkürzung der Produktlebenszyklen zu. Gleichzeitig gibt es nicht nur laufend neue Kommunikations- und Werbeplattformen, sondern auch die Anzahl der Werbeoptionen steigt kontinuierlich (vgl. weiterführend Kreutzer 2018).

Diese Entwicklungen führen zu einschneidenden **Veränderungen im Nutzerverhalten**. Immer mehr Menschen legen ihr Smartphone nicht mehr aus der Hand. Früher wurde dieses zum Einsatz aus der Tasche gezogen und eingeschaltet. Heute ist es für viele Menschen zum Smart-Service-Terminal geworden, das man am besten nicht mehr aus der Hand gibt – unabhängig davon, was man gerade tut. **„Always on, always connected"** ist in immer weiteren Bevölkerungskreisen der Normalzustand – und nicht nur bei jungen Menschen. Selbst während des Essens im Restaurant oder während der Zugfahrt werden E-Mails gecheckt und *Facebook*-Updates vorgenommen, *WhatsApp*-Nachrichten geschrieben und gelesen sowie Fotos gezeigt. Viele Menschen haben heute nur noch **zwei Aggregatzustände**: schlafend oder online!

Gleichzeitig hat sich die **Customer-Journey** – i. S. der Reise einer Person zum Unternehmen – deutlich verändert. Sie muss von den Unternehmen immer stärker online- und offline- sowie geräte-übergreifend gedacht werden, um eine integrierte Kommunikation sicherzustellen. Welche Aufgaben damit verbunden sind, zeigt der Blick auf eine **Customer-Journey** in Abb. 1.4. Hier wird sichtbar, welche **On- und Offline-Touchpoints** genutzt werden können. Die gezeig-ten Touchpoints (i. S. von Berührungspunkten zwischen Unternehmen und Interessenten/Kunden) stellen allerdings nur eine Auswahl der Möglichkeiten dar. Es wird deutlich, dass die Grenze zwischen Online und Offline an Bedeutung verliert, weil Interessenten und Kunden – auch mobil – kontinuierlich zwischen den verschiedenen Welten hin und her wechseln können. Deswegen ist heute besser von **Noline** zu sprechen. Folglich sind Kommunikationskonzepte „noline" zu entwickeln und

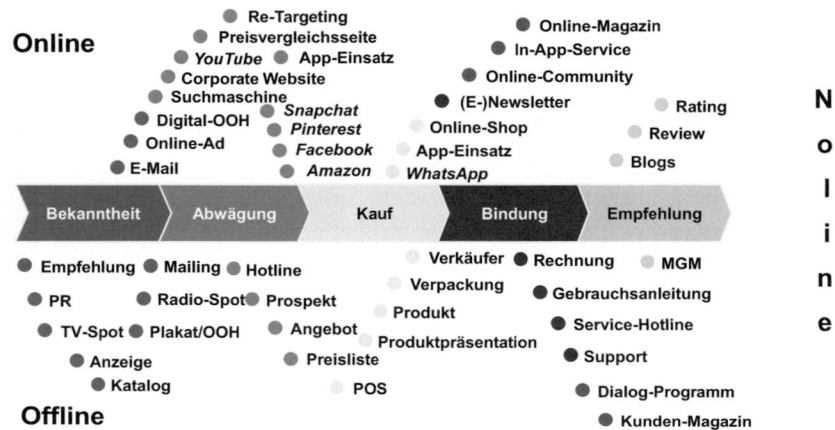

Abb. 1.4 Beispiel einer Customer-Journey – von online und offline zu noline

zu implementieren. Dann muss nicht erst der Empfänger die einzelnen Kommunikationshappen und Prozessschritte zusammensetzen – um ggf. festzustellen, dass diese gar nicht zusammenpassen.

Um diese Customer-Journey erfolgreich auszugestalten, sollten wir zwischen drei Medienkategorien unterscheiden. Bei der Kategorie **Broadcasting** erfolgt eine – nach wie vor oft relevante – One-to-mass-bzw. One-to-many-Kommunikation in den Außenmedien sowie in TV, Rundfunk und Print. Die dadurch erreichbare Beziehungsintensität ist oft gering. Die Kosten pro Kontakt sind dabei vergleichsweise niedrig, während die Streuverluste hoch sind. Zusätzlich ist zu berücksichtigen, dass es teilweise schwierig ist, besonders jüngere Zielgruppen über diese klassischen Medien zu erreichen. Denn bei TV zappen Teile der Nutzerschaft weg oder widmen sich Print-Anzeigen nur kurz.

Andere in Abb. 1.5 gezeigte Medien zielen auf ein höheres Maß von **Engagement** ab. Plattformen und Medienangebote wie *Twitter*, Blogs, Communitys und *YouTube* erfordern und ermöglichen ein viel höheres Maß an Mitwirkung (i. S. des gezielten Aufsuchens) bzw. der Mitarbeit selbst. Dies kann durch das Verfassen und/oder Hochladen von eigenem Content sowie durch das Liken, Sharen und Kommentieren von Beiträgen erfolgen. Die sozialen Netzwerke wie *Facebook, Pinterest,*

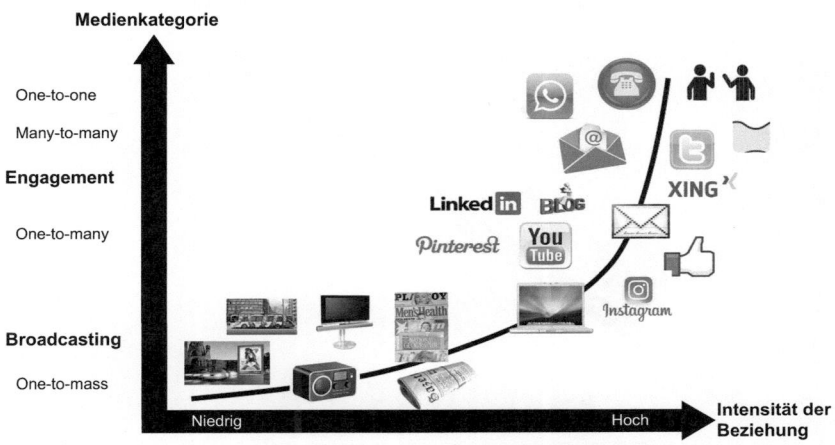

Abb. 1.5 Beziehungsintensität nach Medienkategorie

LinkedIn und *XING* sind sowohl in der One-to-one- und der One-to-many- als auch der Many-to-many-Kommunikation präsent. Auch Mailings und E-Mails nehmen hier eine Zwitterstellung ein, da sie sowohl eine One-to-many- wie auch eine One-to-one-Ausprägung aufweisen können. Die persönlichsten Formen der Interaktion – mit der höchsten erreichbaren Beziehungsintensität – dürften nach wie vor das Telefonat und insb. das Gespräch (u. a. am POS) haben. Allerdings nimmt bei den Engagement-Medien nicht nur die Beziehungsintensität zu, sondern auch die Kosten pro Kontakt; die Streuverluste fallen gleichzeitig niedriger aus (Kreutzer 2018).

Die hohe Datendichte, die heute bei Interessenten und Kunden gegeben ist (Stichwort **„Big Data"**), erlaubt es, das CRM (Customer-Relationship-Management) in eine dritte Dimension zu führen. Das klassische CRM hatte das Ziel, auf konkret erhobenen oder statistisch ermittelten Präferenzen eine zielgruppen- oder zielpersonengenaue Ansprache vorzunehmen. Heute wird es jedoch möglich, durch den Aufbau einer **zeitlichen, räumlichen und inhaltlichen Nähe** der werblichen Einflussnahme die Relevanz werblicher Botschaft für den Empfänger dramatisch zu erhöhen. Dieser Zusammenhang wird als **dreidimensionales CRM** in Abb. 1.6 deutlich. Die große

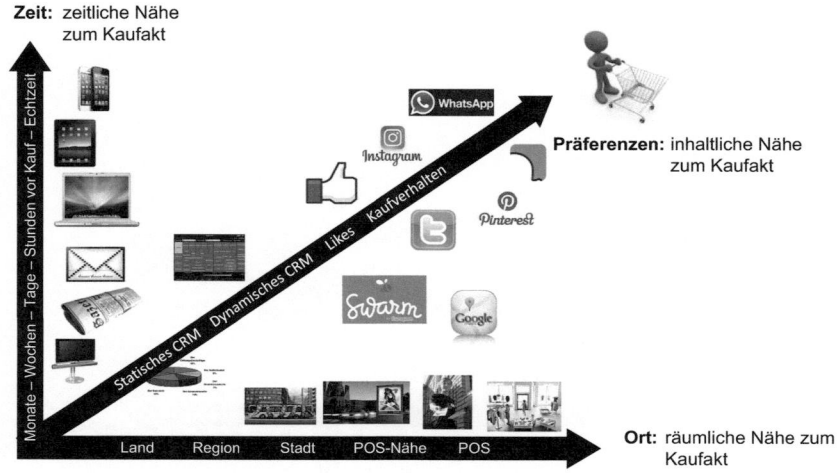

Abb. 1.6 Dreidimensionales CRM: Relevanz der Information basierend auf der zeitlichen, inhaltlichen und räumlichen Nähe zur Zielperson

Herausforderung besteht darin, aus den digitalen Fußabdrücken der Zielpersonen den **Single Point of Truth** zu erkennen, um zu wissen, was für diese wirklich in dem jeweiligen Kontext zählt, der durch weitere Daten beschrieben wird. Um diese Ausrichtung am jeweiligen Kontext deutlich zu machen, wird bereits vom **Context-Marketing** gesprochen (Kreutzer 2018).

Die Relevanz einer Information nimmt mit der räumlichen, zeitlichen und inhaltlichen Nähe einer Botschaft zu. Die räumliche Nähe zum Kaufakt kann durch die auf den jeweiligen Aufenthaltsort der Zielperson abgestimmte Ausspielung von Werbung gesteigert werden (Location). Durch die Erlaubnis zur Lokalisierung der Nutzer über GPS (bspw. bei der *Payback*-App) oder durch den Einsatz von Beacons (Technologien zur Lokalisierung von Nutzern) wird der Aufenthaltsort des Nutzers immer präziser bestimmbar – bis hin zur In-Store-Lokalisierung (vgl. Abb. 1.7, Kreutzer 2018). Im Gegensatz dazu ist die zeitliche Nähe zum Kaufakt bei TV- und Radio-Werbung, aber auch bei Zeitungswerbung und Direct Mail häufig eingeschränkt. Eine stationäre, insb. aber eine mobile Online-Präsenz kann eine viel

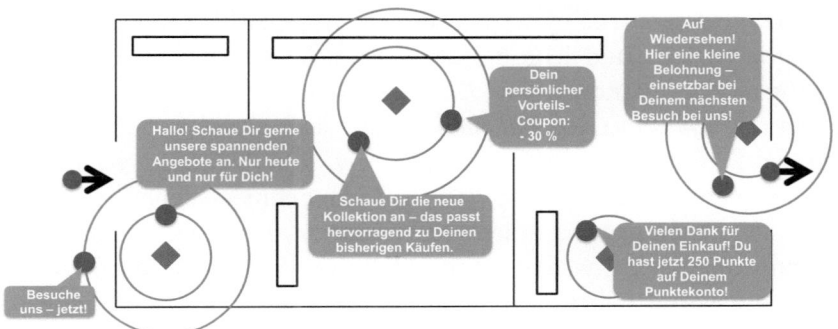

Abb. 1.7 Einsatzmöglichkeiten der Beacon-Technologie

größere zeitliche Nähe zum On- und Offline-Kauf aufweisen (Timing). Schließlich kommt auch der inhaltlichen Nähe zum Kaufakt eine zentrale Bedeutung zu (Präferenzen). Präferenzen können bspw. zu Empfehlungen führen, die auf dem bisherigen Kaufverhalten aufsetzen (Kreutzer und Land 2016).

Welche Möglichkeiten die **Beacon-Technologie** hierzu bietet, zeigt Abb. 1.7. Nutzer können mit der Beacon-Technologie nicht nur in das Ladenlokal gelockt, sondern dort im Zuge der In-Store-Navigation auch mit maßgeschneiderten Angeboten angesprochen werden. Hierbei kann auf Daten der bisherigen Kundenhistorie zugegriffen werden. Auch der nächste Kauf kann informatorisch schon vorbereitet werden (vgl. vertiefend Kreutzer und Land 2017a).

Es wird deutlich: Den Dreh- und Angelpunkt einer erfolgreichen – weil relevanten – Kommunikation stellen die möglichst präzisen Kundendaten dar. Who owns the data, owns the business, owns the industry! Aber ein Datensammeln alleine reicht nicht – es geht um eine **kundenzentrierte intelligente Verknüpfung** und eine **Ableitung von kommunikativen Maßnahmen in Realtime.**

Alle drei Dimensionen (Location, Timing, Präferenzen) gemeinsam bilden – in Verbindung mit weiteren Daten – den jeweiligen Kontext ab, in dem sich die Zielperson befindet. **In statischen CRM-Systemen** wurden die Daten der Kunden nur in größeren Zeitabständen, bspw. auf der Grundlage von Kundenbefragungen, aktualisiert. **Dynamische**

CRM-Systeme streben dagegen an, die Aktivitäten der Kunden laufend zu erfassen und jene bei der Ansprache unmittelbar zu berücksichtigen. Insbesondere bei *Facebook* und auch bei Online-Shops (etwa bei *Amazon* oder *Zalando*) stehen sehr aktuelle Präferenzdaten zur Verfügung, die durch „Likes" bzw. das bisherige Such- und Kaufverhalten dokumentiert werden. Unternehmen, denen es gelingt, diese drei „Nähe generierenden Pole" Location, Timing und Präferenzen zusammenzuführen, werden in der kommunikativen Ansprache immer die Nase vorne haben. Ein dreidimensionales CRM wird möglich. Entscheidend hierfür ist es, dass Unternehmen den schon angesprochenen Single Point of Information (auch Single Point of Truth) schaffen, an dem die unterschiedlichen Informationsströme zusammenlaufen. Erst hierdurch wird eine überzeugende Kommunikation möglich (vgl. vertiefend Kreutzer 2016).

Diese Entwicklungen haben dazu geführt, dass sich auch die **Erwartungen der Interessenten und Kunden** eines Unternehmens deutlich verändert haben. Sie lassen sich mit den Schlagworten „Ich, alles, sofort und überall" charakterisieren. Wie sich diese Erwartungen im Einzelfall konkretisieren, zeigt Abb. 1.8 (vgl. weiterführend Kreutzer 2018).

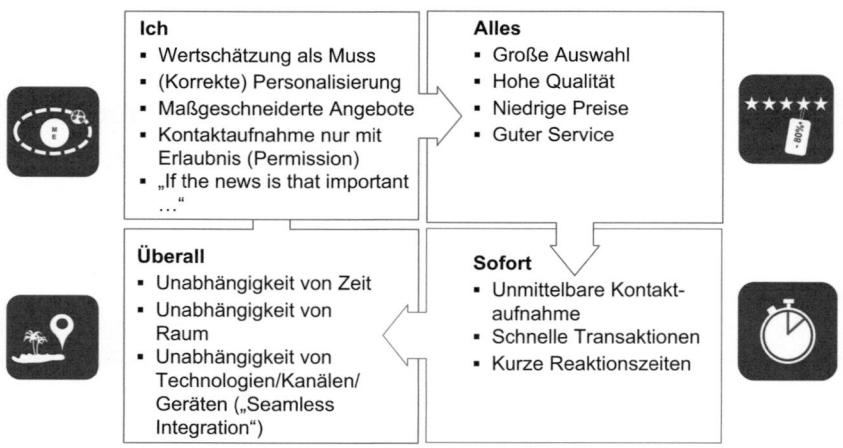

Abb. 1.8 Konkretisierung der Erwartungen von Interessenten und Kunden

Der Kunde kann es sich heute unter „**Ich**" u. a. erlauben, eine hohe **Wertschätzung in der Interaktion** zu erwarten bzw. zu verlangen. Wird ihm diese verwehrt, warten i. d. R. viele Wettbewerber, um den Kunden für sich zu gewinnen. Zur „gelebten Wertschätzung" zählt bspw. eine **korrekte Personalisierung,** d. h. eine richtige namentliche Ansprache der Zielperson. Gleichzeitig steigt die Erwartung, als Einzelperson mit spezifischen, u. U. auch individuellen Wünschen ernst genommen zu werden und folglich individuelle Ansprachen und Angebote zu erhalten (Kreutzer und Land 2016).

Die Erwartungshaltung „**Alles**" zeigt, welches hohe Anspruchsniveau Kunden heute in den meisten Branchen aufweisen (vgl. Abb. 1.8). Kunden haben gelernt, dass häufig gilt: „Everything is possible." Sie fordern einen tollen On- und Offline-Auftritt, einen perfekten Service, eine große Auswahl – und das alles zu einem möglichst unschlagbar niedrigen Preis.

Dazu kommt die Erwartungshaltung „**Überall/Immer**" (vgl. Abb. 1.8). Mobile Erreichbarkeit – nicht nur als Telefonie, sondern auch als Zugang zu Leistungsangeboten über das Internet – ist heute in den entwickelten Industrienationen und zunehmend auch in vielen Schwellenländern eine Selbstverständlichkeit. Die Erwartungshaltung resultiert insb. von Seiten der **Always-on-Generation** – die selbst „immer erreichbar ist" – und dies häufig auch von den Unternehmen erwartet, unabhängig davon, ob dies im beruflichen oder privaten Umfeld bzw. stationär oder mobil stattfindet. Hierdurch verschwimmen zunehmend auch die Grenzen zwischen privatem und öffentlichem bzw. beruflichem Bereich. Deshalb erwarten Interessenten und Kunden von Unternehmen häufig einen Zugang zum Customer-Service-Center rund um die Uhr: jeden Tag, sieben Tage pro Woche, 365 Tage im Jahr – ohne sich über die Kostenimplikationen auf Unternehmensseite Gedanken zu machen (Kreutzer 2018).

Zusätzlich existiert die Erwartungshaltung „**Sofort**", die in unterschiedlichsten Bereichen **Beschleunigungseffekte** verursacht (vgl. Abb. 1.8). Es gilt, dass Unternehmen durch Interessenten und Kunden immer weniger **Zeit zur Reaktion** eingeräumt wird. Wenn auf eine E-Mail nach vier Stunden noch keine Antwort vorliegt, wird vielfach nachgehakt. Und warum soll ein Kunde bei einem anderen Versender

eine Woche warten, wenn eine Bestellung bei *Amazon* standardmä-
ßig innerhalb von 24 oder 48 h erfüllt wird? Die bei *Amazon* gemach-
ten Erfahrungen werden als Benchmark (d. h. als Referenzwert) für
die Bewertung der Leistungsstärke anderer Unternehmen herangezogen – auch über Branchengrenzen hinweg. Ob das im Einzelfall
aus Sicht eines Anbieters angemessen erscheint, interessiert den Ich-
getriebenen Interessenten oder Kunden wenig. Durch ein **Channel-
Hopping** kann der Nutzer den Langsamen durch einen Mouse-Klick
beim Wettbewerber abstrafen – und u. U. für immer verloren gehen
(Kreutzer und Land 2016).

Welche **Erwartungen hinsichtlich der Response-Zeiten** die Nutzer
in Deutschland an Unternehmen haben, wird nachfolgend deutlich
(vgl. Roth 2017):

- Bei *Facebook* wird von 25 % der Online-Nutzer eine Reaktion innerhalb von 30 min erwartet; weitere 21 % erwarten diese innerhalb von
  zwei Stunden.
- 30 % erwarten bei *Twitter* eine Reaktion innerhalb von 30 min, weitere 23 % innerhalb von zwei Stunden.
- Bei Messenger-Diensten sind 45 % bereit, maximal 15 min auf eine
  Antwort zu warten.

Dabei gilt, sich an der – nicht ganz ernst gemeinten – neuen **digitalen
Bedürfnispyramide** (frei nach *Maslow*) auszurichten, die in Abb. 1.9
zu sehen ist. Hier wird sichtbar, dass die verschiedenen Bedürfnisse im
Online-Zeitalter auf andere Inhalte als früher ausgerichtet sind.

In Weiterentwicklung von *René Descartes* „Ich denke, also bin ich –
Cogito ergo sum" heißt es jetzt im digitalen Zeitalter: „Ich like, teile
und kommentiere, also bin ich!"

Die Unternehmen sind aufgerufen, Führungs- und Organisationskonzepte zu entwickeln, die diesen Veränderungen auf Kundenseite
Rechnung tragen. Parallel hierzu gibt es auch wichtige Veränderungen
auf der technologischen Seite, die nachfolgend diskutiert werden.

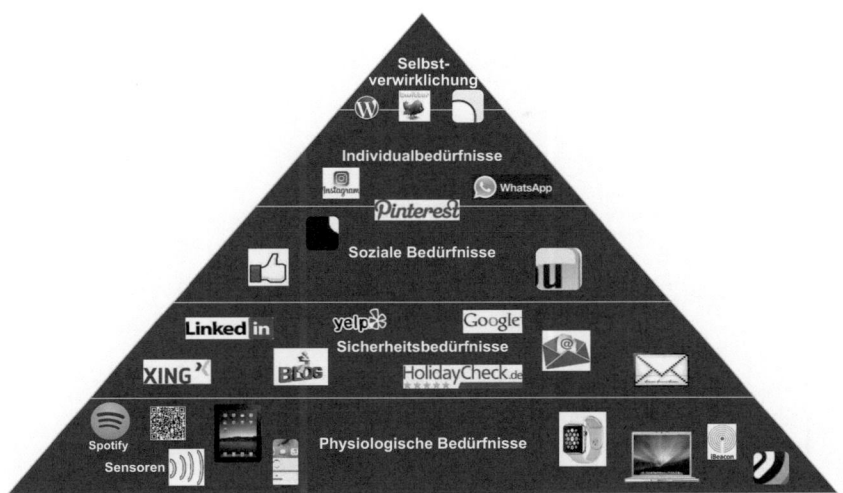

Abb. 1.9 Die neue digitale Bedürfnishierarchie

1.2 Technologische Herausforderungen

Mit welchen technologischen Entwicklungen flankierend zu rechnen ist, zeigt der jährlich aktualisierte **Hype-Cycle für neue Technologien** von Gartner (2017). Hier wird herausgearbeitet, in welcher **Phase ihres Lebenszyklus** sich branchenübergreifend relevante Technologien befinden. Diese technologischen Lebensphasen werden anhand der in die verschiedenen Technologien gesetzten **Erwartungen** definiert. Es wird sichtbar, welche Technologien ggf. noch überbewertet werden und welche bereits zum etablierten Werkzeug geworden sind oder sich dorthin entwickeln (vgl. Abb. 1.10). Jeder Manager tut gut daran, sich mit diesen Prognosen und den möglichen Einflüssen auf den eigenen Verantwortungsbereich und das eigene Unternehmen insgesamt auseinanderzusetzen (Kreutzer 2018).

Hinsichtlich der **Erwartungen an die Technologien** definiert *Gartner* fünf Phasen, die Aufschluss über den Stand der Marktaufnahme neuer Technologien liefern:

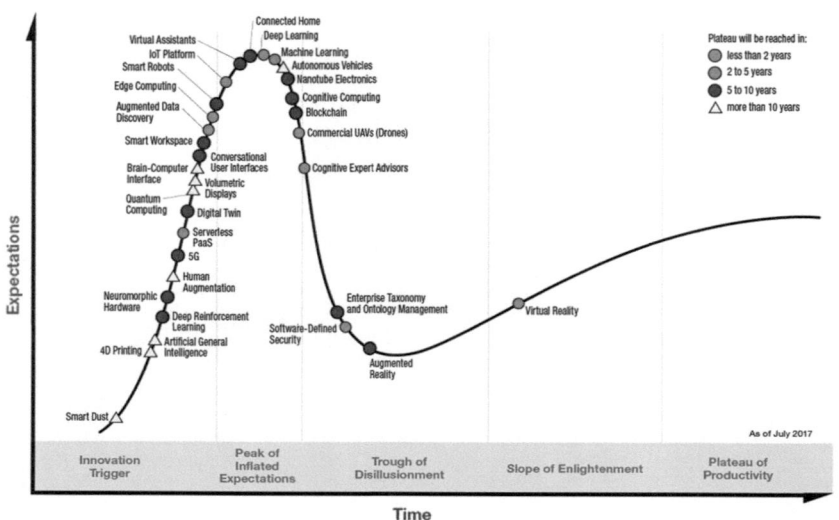

Abb. 1.10   Gartners Hype-Cycle für neue Technologien. (Quelle: Gartner 2017)

1. **Technology Trigger** („technologische Impulse")
   In dieser Phase werden erste Erfolgsmeldungen neuer Technologien publiziert und von den Medien aufgegriffen. Ob diese Technologien einen nachhaltigen Einsatz finden werden, ist zu diesem frühen Zeitpunkt noch nicht absehbar.
2. **Peak of Inflated Expectations** („Höhepunkt der überzogenen Erwartungen")
   In dieser Zeitspanne werden Erfolgsstorys veröffentlicht, die die Erwartungen an eine neue Technologie weiter anfeuern. Gleichzeitig werden aber auch erste Misserfolge bei der Nutzung der Technologie sichtbar, die die Erwartungen an Grenzen stoßen lassen. Der technologische Einsatz bleibt nach wie vor auf wenige Unternehmen beschränkt.
3. **Trough of Disillusionment** („Tiefpunkt der Ernüchterung")
   Diese Talsohle im technologischen Lebenszyklus basiert auf der Erkenntnis, dass viele Erwartungen an neue „Wunderwaffen" nicht erfüllt wurden. In dieser Phase überleben nur die Technologie-Anbieter, die Early Adopters von den Vorzügen ihrer Technologie

nachhaltig überzeugen können. Die anderen Anbieter scheiden aus dem Wettbewerb aus.

4. **Slope of Enlightenment** („Anstieg der Erkenntnis/Aufklärung")
   Hier wird zunehmend sichtbar, wie eine Technologie nutzbringend eingesetzt werden kann. Technologische Entwicklungen der zweiten und dritten Generation der Initialtechnologie werden angeboten und zunehmend von innovationsoffenen Unternehmen aufgegriffen und in den Workflow integriert.

5. **Plateau of Productivity** („Produktivitätsplateau")
   Die Technologie wird jetzt breit eingesetzt, da deren Vorteile nicht nur sichtbar sind, sondern sich auch umfassend rechnen. Der Einsatz als Mainstream-Technologie ist vorgezeichnet. Die Nutzung in immer mehr Unternehmen und Anwendungsbereichen ist nur noch eine Frage der Zeit.

Zusätzlich präsentiert *Gartner* in seinem Hype-Cycle eine Prognose, wann voraussichtlich das Produktivitätsplateau erreicht werden wird. Dies ist in Abb. 1.10 an der unterschiedlichen Helligkeit und den Symbolen bei den einzelnen Technologien erkennbar. Hier soll das Augenmerk auf ausgewählte technologische Entwicklungen gerichtet werden, die für die weitere Entwicklung von Marketing und Management relevant sind. Ein Blick auf Abb. 1.10 zeigt, dass die Themenfelder **Virtual Assistants** und **Smart Robots** kurz vor ihrem Erwartungshöhepunkt stehen. Bei beiden Entwicklungen wird allerdings davon ausgegangen, dass das Produktivitätsplateau erst nach fünf bis zehn Jahren erreicht wird. Technologien wie **IoT-Plattforms** (Internet of Things) werden dagegen schon in zwei bis fünf Jahren in vielen Anwendungen produktiv werden. Entwicklungen wie Smart Dust und 4-D-Printing werden nicht nur viel länger brauchen, um sich zum Erwartungshöhepunkt zu entwickeln, sondern es wird auch erwartet, dass deren Produktivitätsplateau erst in mehr als zehn Jahren erreicht werden wird. Bei **Smart Dust** handelt es sich um ein System kleiner mikroelektromechanischer Apparate (bspw. Sensoren, Roboter), die bspw. Licht, Temperatur, Vibrationen, Magnetismus etc. erkennen können. **4-D-Druck** verwendet die gleichen Techniken wie 3-D-Druck. Bei 4-D-Anwendungen wird allerdings zusätzlich die Dimension der

Transformation über die Zeit hinzugefügt. So entsteht eine programmierbare Materie, die nach Abschluss des Herstellungsprozess ihre Form verändern kann. **Augmented Reality** und **Virtual Reality** sind bereits auf dem Weg, fester Bestandteil vieler Unternehmenskonzepte zu werden und den an sie gerichteten (reduzierten) Ansprüchen Rechnung zu tragen (vgl. Abb. 1.10).

Gartner (2017) bezeichnet die fortschreitende **Entwicklung human-zentrierter Technologien** als zusätzlichen technologischen Schlüsseltrend der nächsten Jahre. Dieser löst eine steigende Transparenz zwischen Kunden, Unternehmen und Dingen aus. Die voranschreitende Entwicklung der zugrunde liegenden Technologien führt zu einer zunehmenden **Verknüpfung zwischen Mensch, Wohnraum, Arbeitsplatz, Unternehmen und Gesellschaft.** Beispiele für diesen Trend stellen Brain-Computer Interfaces, Connected Home und Human Augmentation dar. Wer sich über die möglichen Auswirkungen auf populärwissenschaftliche Art informieren möchte, sei auf die Bestseller von *Dave Eggers („The Circle")* und *Marc Elsberg („Black Out"* und *„Zero")* hingewiesen.

Zusätzlich findet in den unterschiedlichsten Bereichen eine **Dematerialisierung von Produkten und Dienstleistungen** statt. Nicht nur Daten (bspw. über unsere Kunden) und Prozesse (wie Beratung, Verkauf, Zahlungsprozesse) werden zunehmend digitalisiert und damit online verfügbar, sondern auch bisher überwiegend physisch bereitgestellte Produkte verlieren ihre Körperlichkeit. Damit werden gleichzeitig physische Grenzen überwunden, die bisher in vielen Geschäftsmodellen eine große Bedeutung hatten und häufig deren Grundlage darstellten. Dabei wandern viele Anwendungen zum Smartphone, das so zum **Smart-Service-Terminal** mutiert. Abb. 1.11 zeigt diese Entwicklungen. **Selbstständige Produkte** wie Telefon, Kamera, Uhr, Reisewecker und Diktiergerät werden zu Basisfunktionen des Smartphones. Andere Objekte – von der Wasserwaage über die Taschenlampe, das Blutdruckmessgerät, die Spielkonsole, das Navigationssystem, das Tagebuch wie auch in zunehmendem Maße das Geld – werden zu Apps.

Abb. 1.11 zeigt auch, dass die **Zugangskontrolle** in immer stärkerem Maße digitalisiert wird. Das Spektrum reicht hier von Keyless

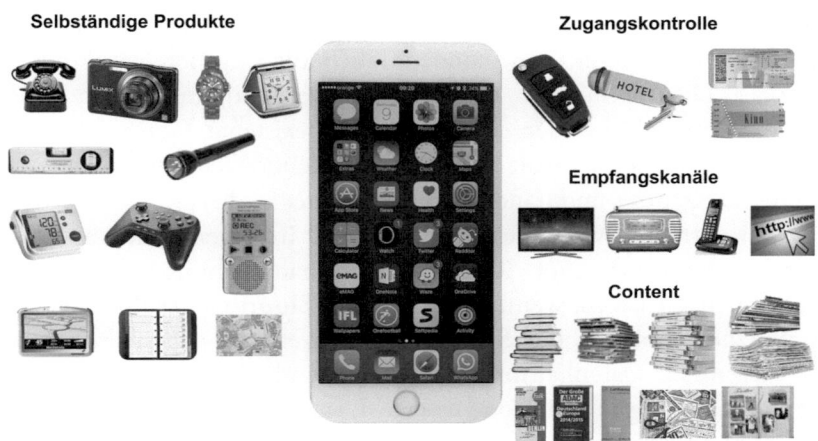

Abb. 1.11 Dematerialisierung von Produkten und Dienstleistungen

Drive bis zum Online-Einchecken im Hotel, bei Flügen und im Kino. Das Smart-Service-Terminal führt auch die verschiedenen **Empfangskanäle** – TV, Radio, Telefon und Internet – zusammen. Schließlich wird das Smartphone auch zur zentralen **Content-Plattform:** Bücher, Zeitungen, Zeitschriften, aber auch CDs und DVDs wurden bisher physisch produziert und zum Kunden transportiert. Heute genügt ein Download oder – noch moderner – ein Streaming vieler Inhalte. Auch klassische Kartenwerke (wie Stadtpläne oder Straßenkarten) werden zunehmend dematerialisiert, weil Navigation online verfügbar ist. Auch die klassischen Flugpläne (bspw. von *Lufthansa*) gibt es schon seit Jahren nicht mehr – und niemand hat sie vermisst (außer den Druckereien, die so lukrative Aufträge verloren). Coupons kommen verstärkt online daher. Und wann haben Sie zuletzt ein Fotoalbum gezeigt, statt die Fotos schnell auf dem Tablet oder Smartphone zu präsentieren?

Diese Entwicklung wird als **Zero-Gravity-Thinking** bzw. mit **Dematerialisierung** bezeichnet: Immer mehr Objekte verlieren durch die Digitalisierung die physikalischen Beschränkungen, die sie in der realen Welt hatten. Welche nachhaltigen Auswirkungen diese Dematerialisierung auf ganze Branchen haben kann, zeigt sich in der Musik- und Verlagsbranche, im Einzelhandel, im Druckgewerbe etc. Jedes

Unternehmen sollte sich umfassend mit der Frage befassen, wie nicht nur die eigene Kommunikation, sondern auch die angebotenen Produkte und/oder Dienstleistungen sowie ganze Wertschöpfungsketten mobil verfügbar gemacht werden können, sodass existente Geschäftsmodelle verschwinden und ganz neue Geschäftsmodelle möglich werden (vgl. weiterführend Kreutzer und Land 2015; Kreutzer et al. 2017).

Dabei entfällt – wie bereits angedeutet – in vielen Fällen auch der **digitale Transport zum Käufer,** um Inhalte physisch auf einem Endgerät zu speichern, wenn Inhalte in der **Cloud** vorgehalten und erst im Nutzungsmoment per **Streaming** zur Verfügung gestellt werden. Eine dezentrale Datenhaltung pro Nutzer wird dabei durch eine zentrale Datenhaltung in der Cloud ersetzt. Dieser Trend zur Verlagerung in die Cloud beschränkt sich nicht auf Daten, sondern umfasst weiterführende Prozesse und ganze Geschäftsanwendungen. Die Digitalisierung erfasst damit ganze Geschäftsprozesse (vgl. vertiefend Schallmo et al. 2017; weiterführend Kreutzer und Land 2016).

Solche Entwicklungen lassen **null Grenzkosten** möglich werden (vgl. Rifkin 2014), die zu einer Bedeutungsverschiebung der Grenzkosten (auch Marginalkosten genannt) in der unternehmerischen Kalkulation führen. **Grenzkosten** sind die Kosten, die mit der Herstellung einer zusätzlichen Mengeneinheit eines Produktes oder einer Dienstleistung einhergehen. Die **Bedeutung der Grenzkosten** verdeutlicht ein Beispiel: Bei der Herstellung eines Produktes fallen bspw. 200.000 € als Fixkosten an (etwa für F&E, Patentgebühren, Personalkosten, Miete für das Forschungslabor, Erstellung der Produktionsanlagen und der Fertigungshallen). Noch bevor ein einziges Produkt hergestellt wurde, sind diese Kosten schon angefallen. Mit den Anlagen können bspw. 10.000 Einheiten hergestellt werden. Zusätzlich sind variable Herstellkosten von 10 € für Material, Stromkosten, Personalkosten in der Fertigung zu berücksichtigen. Würde jetzt nur ein einziges Stück hergestellt, beliefen sich die Gesamtkosten auf 200.010 €. Bei zwei Stück auf 200.020 €. In diesem einfachen Beispiel liegen die Grenzkosten am Anfang bei 10 €. Häufig werden während des Herstellungsprozesses Effizienzreserven mobilisiert, bspw. durch Mengenrabatte beim Rohstoffeinkauf oder die Erhöhung der produzierten Menge pro Personalstunde. Diese als

Economies of Scale bezeichneten Effekte stellen einen Treiber dafür dar, warum Unternehmen Umsatzwachstum bei gleichen Produkten und Dienstleistungen anstreben. Durch Economies of Scale können die **Grenzkosten sinken,** bspw. auf 9,50 oder auf 9 €. Steigt die Nachfrage über die geschaffene Produktionskapazität hinaus, müssen ggf. Überstunden (mit entsprechenden Zuschlägen) angeordnet, zusätzliche Wartungsarbeiten an den Maschinen vorgenommen und/oder externe Kapazitäten zu höheren Kosten eingebunden werden. Dann können **neue Fixkosten** anfallen (für die Erstellung neuer Fertigungshallen), und die **Grenzkosten steigen** wieder.

Welche Konsequenzen hat es, wenn die Grenzkosten gegen null tendieren – ohne dass dafür gesonderte Anstrengungen notwendig wären? In vielen Wirtschaftsbereichen ist zu beobachten, dass die Digitalisierung und Dematerialisierung von Produkten und Services zu Grenzkosten in Höhe von null führt. Ein Beispiel liefert die **Buchproduktion.** Das Verfassen eines Buches kann heute entweder noch klassisch papiergestützt und mit Schreibmaschine erfolgen. Überwiegend findet die Schaffung textbasierter Inhalte durch die Autoren bereits digitalisiert statt. Der Autor stellt seinen Text mit den entsprechenden Abbildungen dem Verlag heute in digitalisierter Form zur Verfügung. Diese „Lieferform" als Datei ist Bestandteil jedes klassischen Autorenvertrages.

Wird das Buch noch klassisch gedruckt, wird die bereits erläuterte Grenzkostenkalkulation wirksam. Für jedes gedruckte Werk fallen Grenzkosten an. Auch dann, wenn – wie teilweise schon umgesetzt – ein Print-on-Demand erfolgt. Zu den Fertigungskosten kommen zusätzliche Kosten für Verpackung und Versand an den Kunden. Doch wie sieht die Kalkulation bei einem E-Book aus? Ist die Datei formatiert, kann eine zusätzliche Kopie des Werkes quasi zu null Grenzkosten erstellt werden. Es kommt zum **Entfall von Grenzkosten in der Produktion.** Da Internet-Dienstleistungen häufig als Flatrate abgerechnet werden, verursacht auch die (Online-)Lieferung an den Käufer keine zusätzlichen Kosten. Bei digitalen Produkten kommt es zum **Entfall von Kosten bei der Zustellung.** So geht die Auslieferung von E-Books – weltweit – mit Grenzkosten in Höhe von null einher (Kreutzer und Land 2016).

Gleichzeitig entstehen Unternehmenskonzepte, die zu einer **Platform-Economy** führen. Dabei schieben sich Geschäftsmodelle – die als Plattformen ausgestaltet sind – zwischen die etablierten Unternehmen und deren Kunden. Wer etwas kaufen möchte, geht häufig zunächst auf *Amazon,* um sich einen Produkt- und Preisüberblick zu verschaffen. Dort finden sich auch viele andere Anbieter, deren Angebot im Look-and-Feel von *Amazon* daher kommt. Ein Kunde, der hier kauft, hat in der Erinnerung mit großer Wahrscheinlichkeit bei *Amazon* gekauft – und nicht bei einem kleinen Händler. Gleichzeitig erhält *Amazon* wichtige Informationen darüber, welche Angebote bei welchem Händler zu welchen Preisen von welchen Kunden gekauft werden – um solche Angebote dann ggf. in das eigene Programm aufzunehmen. Die auf *Amazon* aktiven Händler nähren damit ihren eigenen (dominanten) Wettbewerber durch ihre Beteiligung auf diesen Plattformen.

Ähnliche Entwicklungen sind auf **kommerziellen Bewertungsplattformen** festzustellen, die gleichzeitig auch Verkäufe durchführen oder vorbereiten. Zum einen wird auf diesen Plattformen vielfach eine Objektivität vorgegeben – aber oft nicht erreicht. Wie aktuelle Studien zeigen, werden häufig bei *Biallo, Check24, Tarifcheck, Verivox* und anderen nur die Unternehmen bewertet, die sich (kostenpflichtig) bei der Plattform angemeldet haben und/oder bereit sind, Vermittlungsprovisionen für Leads oder Käufer zu bezahlen. Wer als Anbieter zur Bezahlung solcher Provisionen nicht bereit ist, wird in den „neutralen" Trefferlisten nicht angezeigt. Somit können für die Kunden attraktivere Angebote im Netz verfügbar sein, die aber aufgrund fehlender Zahlungsbereitschaft der Anbieter in den Trefferlisten der Bewertungsportale gar nicht auftauchen. Es wird deutlich, dass eine unabhängige Bewertung der Leistungsangebote durch diese Plattformen häufig nicht stattfindet (vgl. vertiefend Klemm 2017, S. 27).

Auch diese Plattformen schieben sich zwischen Unternehmen und Käufer, wodurch sie eine Vermittlerrolle einnehmen. Dann kann es passieren, dass Kunden – gefühlt – einen Vertrag bei *Check24* abgeschlossen haben, obwohl diese Plattform „nur" als Vermittler, aber nicht als eigentlicher Leistungspartner eingebunden war. Hierdurch kann eine gefährliche Entfremdung zwischen Leistungsanbietern und Kunden entstehen.

Eine weitere Entwicklung hin zu einer **On-Demand-Economy** zeichnet sich ab. Viele neue Geschäftsideen, die im *Silicon Valley* momentan entwickelt werden, fallen in dieses Segment. Hier findet sich ein **Wäschereinigungsdienst** (rinse.com) – mit Hol- und Bring-Service, und es gibt einen **24/7-Essenslieferservice** (postmates.com). Wer selbst kochen möchte und sich sehr kurzfristig entscheidet, kann sich die notwendigen Zutaten in der erforderlichen Menge durch bluepron.com anliefern lassen. Auf Wunsch liefert drizly.com dazu die gewünschten alkoholischen Getränke – auch direkt nach Hause. Alle weiteren Lebensmittel liefert auf Wunsch innerhalb kürzester Zeit instacart.com. Wer es sich doch anders überlegt, lässt sich das fertige Gericht von Restaurants seiner Wahl durch seamless.com nach Hause bringen. Wenn bei all diesen Aktivitäten etwas zu Bruch geht oder im Haushalt zu reinigen ist, helfen Anbieter wie taskrabbit.com weiter (vgl. Abb. 1.12).

 Wäsche-Reinigungsdienst – mit Hol-und Bring-Service

 24/7-Essens-Lieferservice

 24/7-Zutaten-Lieferservice

 24/7-Lieferservice für alkoholische Getränke

 24/7-Lieferservice für Lebensmittel aller Art

Lieferservice aus dem Restaurant Ihrer Wahl

Helfer für die kleinen Aufgaben im Haushalt

Abb. 1.12 Entstehen einer On-Demand-Economy – I

Wer doch noch mit dem Auto in die Stadt fährt, kann die Hilfe von luxe.com in Anspruch nehmen. Man ruft einfach an und sagt, wo einem das Auto abgenommen werden soll. Während man shoppt oder arbeitet, wird das Auto nicht nur geparkt, sondern auf Wunsch auch gewaschen und betankt. Wenn man das Auto wieder braucht, ruft man an und teilt den gewünschten Treffpunkt mit. Wer doch nicht selbst shoppen möchte, greift auf den Einkaufsservice von google.com/express zurück. Man sagt, was man wünscht, und dann kauft jemand für einen ein und liefert das Gewünschte nach Hause (vgl. Abb. 1.13).

Uber entwickelt sein Geschäftsmodell auch in dieser Richtung weiter. Uber.rush.com bietet einen Punkt-zu-Punkt-Kurierdienst. Bei Amazon findet sich dieser Service unter flex.amazon.com. Mit ubereats. com steigt *Uber* auch in den Essenlieferservice ein. Hier weiß man – basierend auf der Ermittlung des prospektiven Essverhaltens (Stichwort „Anticipatory Delivery") – schon im Vorfeld, welche Essen besonders gut gehen. Deshalb ist bereits das Richtige an Bord des Lieferfahrzeugs, wenn es sich bspw. auf den Weg nach *San Francisco* macht. So kann in den angeschlossenen Städten teilweise schon Minuten nach der Bestellung ausgeliefert werden. Und *Sure* bietet für viele Lebensbereiche eine Insurance on-Demand – dann, wenn eine Versicherung benötigt

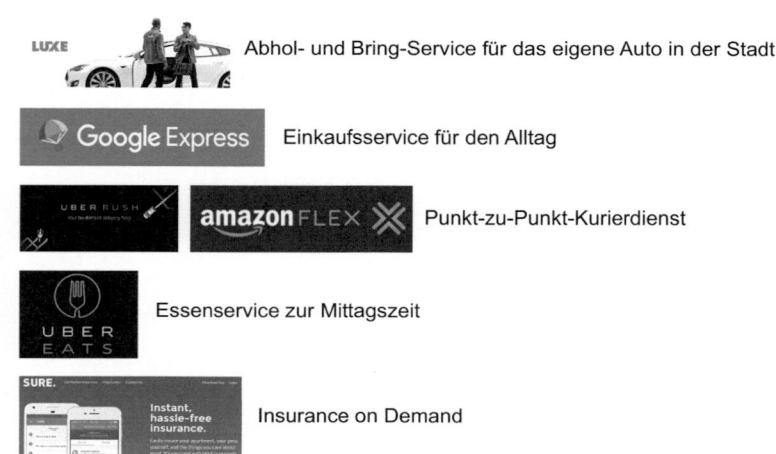

Abb. 1.13 Entstehen einer On-Demand-Economy – II

wird, und nur dann! Das Motto hier lautet: **Everything goes – everything goes on-Demand!**

Auch diese verschiedenen technologischen Entwicklungen sind bei der Entwicklung von Führungs- und Organisationskonzepten zu berücksichtigen.

Ihr Transfer in die Praxis

- In welchem Ausmaß treffen die skizzierten Veränderungen im Kundenverhalten auf unsere Klientel zu?
- Welche Lösungen haben wir dafür zu bieten?
- Wir in unserem Unternehmen schon „noline" geplant und implementiert?
- Welche Wettbewerbsvorteile können wir durch die neuen Technologien für uns erschließen?

2

Ausgestaltung von Führungs- und Organisationskonzepten im digitalen Zeitalter

Zusammenfassung In diesem Kapitel wird aufgezeigt, welche Handlungs-felder Unternehmen anzugehen haben, um Führung und Organisation auf die Herausforderungen des digitalen Zeitalters auszurichten.

Was Sie aus diesem Kapitel mitnehmen

- Wie ein Empowerment der Mitarbeiter gelingen kann
- Welche Möglichkeiten zur Beschleunigung unternehmensinterner Prozesse zum Einsatz kommen können
- Wie Netzwerke zur Problemlösung beitragen können
- Wie die (digitale) Markenführung auszurichten ist
- Wie die internen Kommunikationsstrukturen weiterzuentwickeln sind
- Wie Innovation im Unternehmen organisatorisch zu verankern ist

© Springer Fachmedien Wiesbaden GmbH, ein Teil von Springer Nature 2018
R. T. Kreutzer, *Führungs- und Organisationskonzepte im digitalen Zeitalter kompakt*,
https://doi.org/10.1007/978-3-658-21448-7_2

2.1 Vorbemerkung

Die vorgenannten Herausforderungen sollten von den Unternehmen systematisch analysiert und im Hinblick auf ihre Relevanz für das eigene Geschäftsmodell überprüft werden. Ausgehend von den unter Kap. 1. diskutierten Aufgabenstellungen ist so zu ermitteln, wie Individuum, Gruppe und Organisation auf diese hin auszurichten sind (vgl. Abb. 2.1). Zwischen Aufgabe, Individuum, Gruppe und Organisation kommt es klassischerweise zu **Spannungsverhältnissen,** die von den Führungskräften und Mitarbeitern zu meistern sind. Dabei gilt, dass diese vier Themenbereiche nicht unabhängig voneinander betrachtet werden dürfen. Durch Trainingsmaßnahmen der Leistungsträger, durch die Aufbau- und Ablauforganisation sowie durch Führung etc. ist dafür Sorge zu tragen, dass Individuen, Gruppen und die gesamte Organisation möglichst friktionsarm und zielorientiert zusammenarbeiten, um die definierten Aufgaben zu meistern (vgl. Rosenstiel und Nerdinger 2011, S. 12; weiterführend Nerdinger et al. 2014; Ciesielski und Schutz 2016).

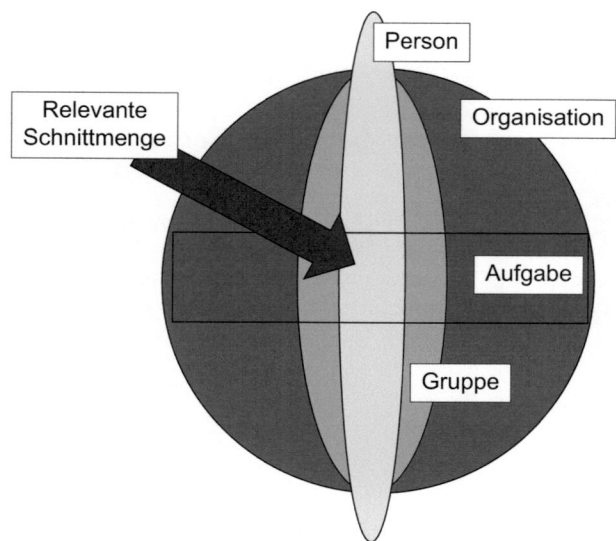

Abb. 2.1 Verschmelzen von Aufgabe, Individuum, Gruppe und Organisation. (Quelle: Nach Rosenstiel und Nerdinger 2011, S. 12)

Veränderungsprozesse, die bspw. durch die in Kap. 1 diskutierten Herausforderungen zu neuen Aufgaben führen, haben Auswirkungen auf die in Abb. 2.1 gezeigten Bereiche. Sie gehen mit Veränderungen auf der Ebene der **Person** (hier konkret der Mitarbeiter), der **Gruppe** (etwa in Projektteams, Abteilungen) sowie der **Organisation** (hier der Unternehmen) einher. Besonders wichtige Handlungsfelder werden im Folgenden thematisiert.

2.2 Empowerment der Mitarbeiter und Teams

Eine wichtige Aufgabe auf der Personen- und Gruppenebene stellt das **Empowerment der Mitarbeiter** dar. Um die notwendige Schnelligkeit bei internen Prozessen zu erreichen, müssen Mitarbeiter und Teams autonomer arbeiten können. Hierzu sind nicht nur Aufgaben, sondern auch Kompetenzen und Verantwortung konsequent zu delegieren. Gleichzeitig müssen Führungskräfte zum „Loslassen" bereit sein. Mit anderen Worten: Es bedarf vielfach einer neuen Führungskultur!

Um die damit einhergehenden Veränderungen deutlich zu machen, werden hier zwei **Führungsstile** unterschieden: der **transaktionale** (austauschorientierte) und der **transformationale (verändernde)** Ansatz (vgl. Sprenger 2017; Schütze-Kreilkamp 2017; Esch und Knörle 2012; Morhartet al. 2012; grundlegend Scholz 2014, S. 1077–1199). Beim **transaktionalen Ansatz** erfolgt die Führung i. S. eines Austauschprozesses bzw. eines Handels zwischen Führungskräften und Mitarbeitern. Dabei stehen einzelne **Transaktionen im Mittelpunkt.** Der Grundsatz lautet: **Do ut des** („Ich gebe, damit du gibst."). Der Vorgesetzte definiert bei der Anwendung dieses Konzeptes die Erwartungen und Ziele, während die Mitarbeiter bei Zielerreichung eine Gegenleistung in Form einer Belohnung erhalten. Es wird auf Zielvereinbarungen gesetzt, an denen die Performance der Mitarbeiter in regelmäßigen Abständen gemessen wird. Dieser **Management by Objectives** genannte Führungsstil wird dabei häufig ergänzt durch ein Management by Exception (i. S. von „Führung im Ausnahmefall"). Beim **Management by Exception** interveniert der Vorgesetzte nur bei gravierenden Abweichungen von Vorgaben.

Beim transaktionalen Führungsstil geben die Unternehmen die Standards vor, wie sich Mitarbeiter zu verhalten haben. Es wird den Mitarbeitern unmissverständlich kommuniziert, welche Aufgaben und Verhaltensweisen von ihnen erwartet werden (vgl. Morhart et al. 2012, S. 392). In Anhängigkeit von der gezeigten Leistung sind entsprechende positive oder negative Konsequenzen zu erwarten (vgl. den unteren Verlauf in Abb. 2.2).

Beim **transformationalen Führungsstil** stehen Transformationen im Mittelpunkt (vgl. den oberen Verlauf in Abb. 2.2; grundlegend Bass 1990). Hierbei handelt es sich um Veränderungs- und Umwandlungsprozesse. Der transformationale Führungsstil konzentriert sich stärker auf die „weichen" Faktoren und strebt eine Motivation der Mitarbeiter über die Aussicht auf Selbstverwirklichung an. Dabei sind die Bedürfnisse und Ziele der Mitarbeiter so zu wandeln, dass sie ihre eigenen Interessen den Unternehmensziele hintanstellen. Dies kann dadurch gelingen, dass die Unternehmensvision und/oder die Werte der Organisation so bedeutsam werden, dass sich die Mitarbeiter in hohem Maße darin wiederfinden und auf deren Verwirklichung hinarbeiten. Führungskräfte und Mitarbeiter stehen sich dabei nicht als Gegenspieler gegenüber, sondern als Unterstützer beim Verfolgen des gemeinsamen

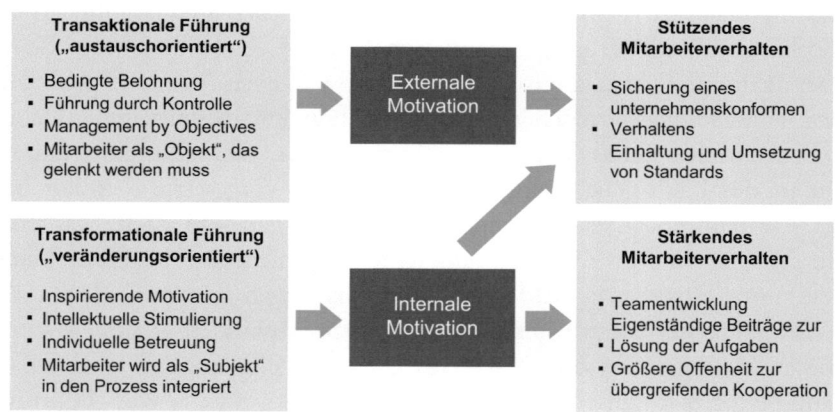

Abb. 2.2 Wirkungsweisen transaktionaler und transformationaler Führung. (Quelle: In Anlehnung an Morhart et al. 2012, S. 392; Esch und Knörle 2012, S. 375)

Zieles. Dies gelingt vor allem durch Führungskräfte, die eine attraktive und sinnstiftende Vision vermitteln, selbst als Vorbild agieren und die intellektuelle wie persönliche Entwicklung der Mitarbeiter aktiv unterstützen (vgl. Morhart et al. 2012). Wird im Führungsprozess der Transformationsprozess von Unternehmen und Mitarbeiter in den Mittelpunkt gestellt, kann erfahrungsgemäß eine höhere affektive, d. h. emotionsbasierte Bindung an die Marke erreicht werden als bei Führungsstilen, die nur auf die Abarbeitung von eng definierten Aufgaben setzen (vgl. Esch und Knörle 2012).

Um ein effizientes Miteinander im Unternehmen zu erreichen, bietet sich eine **Mischform der Modelle** an, um die Vorteile aus beiden Ansätzen miteinander zu verbinden (vgl. Abb. 2.2). Durch Komponenten der transaktionalen Führung kann **unternehmenskonformes Verhalten** bis zu einem gewissen Grad forciert werden, und somit können **Verhaltensstandards** in allen Bereichen gesichert werden. Vorgaben und Richtlinien sollten jedoch nur so stark betont werden, dass die Komponenten der transformationalen Führung zusätzlich Wirkung entfalten können. Der Führungskraft muss es gelingen, durch die „weichen" Faktoren der transformationalen Führung **Commitment, Identifikation** und **Eigenmotivation** auszulösen. Hierdurch werden wichtige Voraussetzungen geschaffen, um die nachfolgenden Herausforderungen erfolgreich anzugehen (Kreutzer 2014).

Zum Empowerment der Mitarbeiter gehört übrigens auch, dass diesen ausreichend Räume für Begegnung im Unternehmen zur Verfügung stehen. In vielen Organisationen ist immer noch eine **Knappheit von Meeting-Räumen** festzustellen. Häufig liegt deren Ursache allerdings nicht allein im Fehlen konkreter Räumlichkeiten, sondern auch in einem **ungenügenden Meeting-Management.** Dies führt zu schlecht vor- und nachbereiteten und durchgeführten Meetings, die dann häufig nicht nur länger dauern, sondern auch wiederholt werden müssen, weil sich die erwünschten Erfolge nicht einstellen. Ich habe noch keinen Manager getroffen, der über zu wenige Meetings geklagt hat – sehr wohl aber über ein ineffizientes Meeting-Management. Das beginnt häufig bereits mit unzureichenden Briefings, einer fehlenden Agenda für das Meeting, einem Protokoll, das nach vier Wochen vorliegt, ungenügenden Follow-ups etc. Hier liegen für die Mehrheit der Unternehmen noch große Effizienzpotenziale – weitgehend ungehoben!

Neben genügend Meeting-Räumen sehen **innovative Bürokonzepte** verschiedene Möglichkeiten vor, sich auch einmal informell mit Kollegen zu Abstimmungen zu treffen. Ein besonders gelungenes Beispiel hierfür stellt m. E. das Bürokonzept der *TeamBank* in *Nürnberg* dar. Hier existiert eine Vielzahl von Bereichen, in denen man sich informell treffen und networken kann (vgl. Abb. 2.3).

Um die Arbeitsmöglichkeiten an die Erwartungen der Mitarbeiter anzupassen, ist *Cisco* in *San Francisco* noch einen Schritt weiter

Abb. 2.3   Gebäude und Räume zum Networken der *TeamBank* in *Nürnberg*

gegangen. Wie Abb. 2.4 zeigt, werden – hier im Eingangsbereich des Unternehmens – noch andere Formen als Schreibtischarbeitsplätze angeboten.

Gleichzeitig besteht die **Herausforderung für alle Mitarbeiter** darin, sich gleichsam selbst zu empowern. **„Lifelong learning"** galt schon lange als Leitidee, aber noch nie war sie so wichtig wie heute! Die Bildung und Ausbildung in den Industrienationen und in jedem Unternehmen bedarf einer strategischen Neuausrichtung und Weiterentwicklung, um jetzt dem (digitalen) Wandel gerecht zu werden. Abb. 2.5 zeigt die **strategische Qualifizierungslücke.** Der Schwerpunkt der heutigen (staatlichen) Bildungsanstrengungen

Abb. 2.4 Arbeitsplätze bei *Cisco – San Francisco*

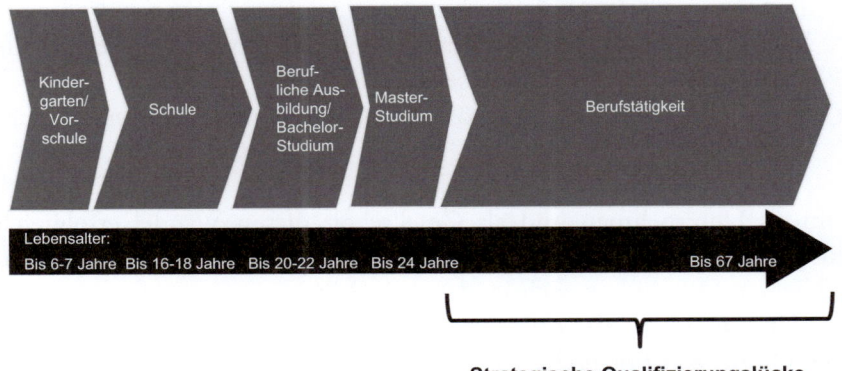

Abb. 2.5 Strategische Qualifizierungslücke

liegt auf der frühkindlichen Erziehung, der Schulbildung, der beruflichen Bildung beim Einstieg in das Berufsleben sowie der Hochschulausbildung. Dabei bleibt weitgehend unberücksichtigt, dass der Mensch seine längste Zeit – oft über 40 Jahre – beruflichen Tätigkeiten widmet, deren Anforderungen sich in immer höherem Maße und immer schneller verändern. Die Generation der Babyboomer, die in den nächsten Jahren den Arbeitsmarkt verlassen wird, muss sich dabei derzeit in einem Arbeitsumfeld bewähren, auf das weder die Schule noch die Universitäten ausreichend vorbereiten konnten, weil zum damaligen Studieninhalt das Internet nicht gehörte, da es noch gar nicht existierte. Außerdem gehörten eher Schreibmaschinen als Computer zur Standardausstattung eines Studenten, der außerdem noch ohne Smartphone auskommen musste.

Diese Dynamik setzt sich bei den nachfolgenden Generationen noch nachhaltiger fort. Man geht von folgenden Entwicklungen aus:

- Hunderttausende von Mitarbeitern üben heute Funktionen aus, die es vor 20 Jahren noch nicht gab: App-Entwickler, Community-Manager, UX-Designer (UX steht dabei für User-Experience), SEO-Spezialist (SEO bedeutet Search-Engine-Optimization), Social-Media-Manager, Big-Data-Analyst, Cloud-Service-Manager, CDO (Chief-Digital-Officer) etc.
- Entsprechend werden 70 % der heutigen Schüler in Jobs arbeiten, die es heute noch gar nicht gibt.
- Mitarbeiter werden in zehn Jahren mit Technologien arbeiten, die heute noch nicht operativ einsetzbar sind.
- Dabei werden sie Probleme lösen müssen, die man heute noch nicht kennt.

Um als Unternehmen und als Gesellschaft diesen Wandel erfolgreich zu gestalten, ist die strategische Qualifizierungslücke systematisch zu schließen. Dabei ist es wichtig, dass kein Mitarbeiter darauf wartet, dass das Unternehmen etwas für ihn tut – **Eigeninitiative zur Schließung der Qualifizierungslücke** ist gefordert, wenn der eigene Arbeitgeber die Zeichen der Zeit nicht erkannt hat oder nicht angemessen handelt (vgl. weiterführend Lehky 2011, 2015).

2.3   Beschleunigung unternehmensinterner Prozesse

Wie in Kap. 1 ersichtlich wurde, ist eine deutliche **Beschleunigung aller Lebensbereiche** festzustellen. Es wird schon von der **Instant-Society** gesprochen – alles muss im Jetzt, in Realtime – stattfinden. Das bringt auch für die Unternehmen eine neue Herausforderung mit sich: die Steigerung der **Geschwindigkeit des unternehmerischen Handels.** Dabei sind alle in Abb. 2.1 genannten Ebenen relevant: Person, Gruppe und Organisation.

Die Mehrheit der Unternehmen richtet ihr Verhalten allerdings nach wir vor am **Time-to-Market** aus. Die Time-to-Market wird in Tagen, Wochen, Monaten und/oder Jahren bemessen und beschreibt die Vorlaufzeit, die zwischen einer Produkt-/Service-Idee und deren Einführung am Markt liegt. In dieser Zeit fallen die Phasen der Produkt-/Service-Entwicklung sowie ggf. durchgeführte Markttests. Da in dieser Zeitspanne noch keine produktive Nutzung und damit keine „Bewährungsprobe" erfolgt, sind hiermit Risiken einer Fehlentwicklung verbunden. Gleichzeitig fallen Kosten für Marktforschung, Prototypenbau, Kommunikation, Marktforschung etc. an. Ein Umsatz wird dagegen meist noch nicht erwirtschaftet. Ein Wert für den Kunden wird durch die Produkt-/Service-Innovation erst nach Abschluss der Entwicklungs- und Testphase und folglich nach dem Launch des Produktes bzw. der Service-Innovation erzielt (vgl. Abb. 2.6; Kreutzer 2018).

Die Unternehmen wollen hierdurch Innovationen möglichst schnell auf dem Markt bringen, um Wettbewerbsangeboten zuvorzukommen und die häufig vorhandene höhere Zahlungsbereitschaft der sogenannten Innovatoren und Early Adopter abzuschöpfen (vgl. zum Diffusionsprozess bei neuen Produkten Kreutzer 2017a, S. 231–233). Bei vielen europäischen und insb. bei deutschen Unternehmen wird häufig eine lange Time-to-Market festgestellt. Das bedeutet, dass viel Zeit vergeht, bevor ein marktreifes Produkt oder eine Service-Innovation vorliegt. Hier wird teilweise von einem **Over-Engineering** i. S. des Versuchs gesprochen, so lange weiter zu entwickeln, bis die perfekte Produkt-/Service-Innovation vorliegt. Damit gelangen gerade

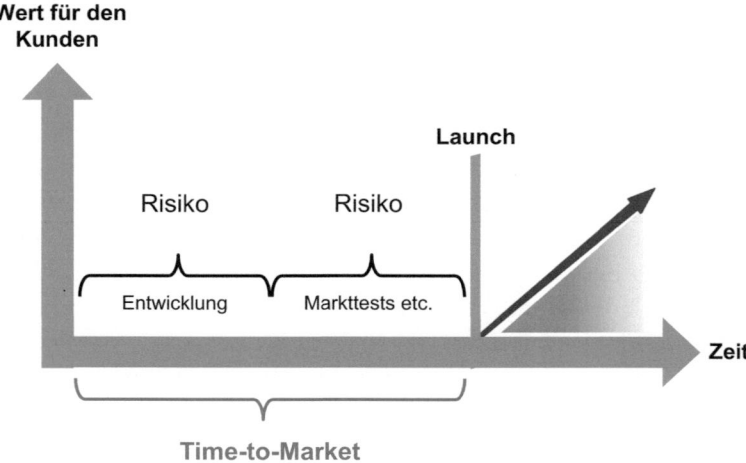

Abb. 2.6 Time-to-Market

deutsche Unternehmen im Wettbewerb um Innovationen häufig ins Hintertreffen – oder Neuentwicklungen gehen an den Anforderungen des Marktes vorbei.

Dieses Problem der **verspäteten Markteinführung** tritt vor allem bei Produkten und Services mit sehr kurzem Lebenszyklus oder klassisch sehr langen Entwicklungsphasen auf. Je schneller ein Angebot durch ein überarbeitetes ersetzt wird, desto erfolgloser werden die Unternehmen sein, die ihre Entwicklungsprozesse nicht auf Schnelligkeit ausgerichtet haben. Wird ein Angebot zu spät präsentiert, können interessante Marktpositionen bereits besetzt sein; und die anfänglich hohe Preisbereitschaft kann schon abgenommen haben. Im schlimmsten Fall ist das entsprechende Angebot veraltet oder deckt die aktuellen Anforderungen an das Produkt bzw. den Service nicht ab, wenn es am Markt eingeführt wird. Deshalb sind Unternehmen dazu aufgerufen, ihre Prozesse auf Schnelligkeit auszurichten, um den Anforderungen der vielfach immer dynamischer agierenden Märkte gerecht zu werden (Kreutzer 2018).

Um dies zu erreichen, sollten sich Unternehmen stärker auf die **Time-to-Value** konzentrieren. Die Time-to-Value wird ebenfalls in

Tagen, Wochen, Monaten und/oder Jahren bemessen und kennzeichnet die **Vorlaufzeit,** die zwischen einer Produkt-/Service-Idee und deren **erster Nutzenstiftung für Kunden** liegt. Der Kern des Time-to-Value-Ansatzes besteht darin, dass nicht gewartet wird, bis ein perfektes Produkt bzw. eine perfekte Service-Innovation vorliegt, um diese in den Markt einzuführen. Zur Zeitverkürzung kann zunächst ein **Rapid-Prototyping** beitragen. Hierbei geht es darum, aus der Produkt-/Service-Idee möglichst schnell „anfassbare" Produkte und Service zu genieren, um diese im Hinblick auf ihre Eignung zu testen. Zusätzlich kann die Markteinführung bereits zu einem Zeitpunkt beginnen, zu dem ein stabiles Produkt oder eine funktionierende Service-Innovation vorliegt, die Wert für die Kunden generieren kann. Hier erfolgt quasi ein **Pre-Launch** – i. S. einer sehr frühen Einführung in den Markt mit einem ersten funktionsfähigen Produkt bzw. einer einsetzbaren Serviceleistung (vgl. Abb. 2.7). Hierbei wird bei Produkten vom **Minimal Viable Product** (MVP) gesprochen (vgl. Kreutzer et al. 2017, S. 89). Darunter ist ein Produkt bzw. ein Service zu verstehen,

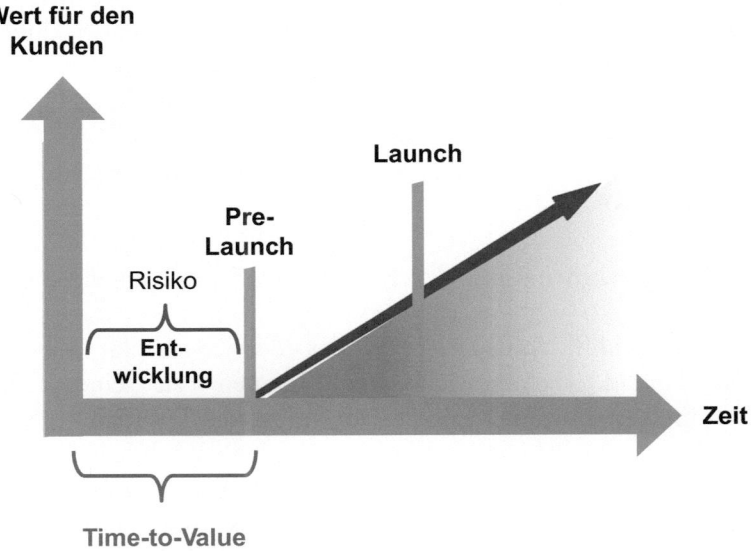

Abb. 2.7 Time-to-Value

das oder der die Mindestanforderungen erfüllt, um von Kunden bereits genutzt bzw. eingesetzt zu werden. Dieses Gedankenkonzept, welches im Umfeld von Lean Start-ups vor allem bei der Software-Entwicklung diskutiert wird, sollte auch von anderen Unternehmen auf seine Einsatzbarkeit hin überprüft werden (vgl. Ries 2016).

Im Vergleich zum Time-to-Market-Ansatz ermöglicht der Pre-Launch, dass eine **Nutzenstiftung für den Kunden** viel früher einsetzen kann. Zusätzlich lernt das Unternehmen im Zusammenspiel mit den eigenen Kunden, wo Optimierungsnotwendigkeiten bestehen und welche weiteren Features mit besonderer Dringlichkeit zu entwickeln sind. Diese kontinuierliche Weiterentwicklung geht mit einer frühen **Schaffung von Wert für den Kunden** einher. Der Launch des „finalen" Produktes bzw. der „finalisierten" Dienstleistung kann dann zu einem späteren Zeitpunkt erfolgen. Oft bietet sich ein fließender Übergang von der Pre-Launch- in die Launch-Phase an – bei einer kontinuierlichen Wertstiftung für den Nutzer (vgl. Abb. 2.7; Kreutzer 2018).

Sobald ein erstes einsatzfähiges Produkt oder eine funktionierende Service-Innovation vorliegt, können diese einem (beschränkten) Nutzerkreis angeboten werden (**„Pre-Launch-Phase"**). So werden – orientiert an den Prinzipien des agilen Managements – Ideen zur Weiterentwicklung und Optimierung des Angebots im Zusammenwirken mit „echten" Nutzern gewonnen und im laufenden Innovationsprozess berücksichtigt. Der eigentliche **Launch** schließt sich dann mit zeitlichem Abstand an.

Durch ein solches Vorgehen können mehrere Ziele erreicht werden (Kreutzer 2018):

- Das Unternehmen kann den Markt früher mit eigenen Angeboten penetrieren.
- Ein Feinschliff von Produkt oder Service erfolgt im echten Marktumfeld. Fehlentwicklungen können zu einem frühen Zeitpunkt erkannt und modifiziert oder gestoppt werden.
- Das Unternehmen kann schon erste (reduzierte) Erträge durch das Angebot einer 70-/80-%-Lösung erzielen. Damit können Kosten, die im Innovationsprozess für Marktforschung, Prototypenbau, Kommunikation etc. anfallen, zumindest partiell abgedeckt werden.

Ein **Umdenken im Innovationsprozess** – gerade bei europäischen und insb. bei deutschen Unternehmen – kann hier zu einer schnelleren Markteinführung und folglich zu einer verbesserten Ausgangssituation im Wettbewerb führen. Wettbewerbsnachteile, die durch eine lange Time-to-Market entstehen, können abgemildert werden.

Ein Beispiel für eine Orientierung am Time-to-Value-Konzept liefert *Amazon* mit der **Einführung von *Amazon Echo*** im deutschen Markt 2016. In Deutschland konnten sich Interessierte darum bewerben, als erste den digitalen Assistenten *Alexa* zu testen (vgl. Neuhaus und Banning-Lover 2016). Dabei wurde verdeutlicht, dass diese Produkt-Service-Kombination noch nicht ihren finalen Entwicklungsstand erreicht hat. Es sollten vielmehr Erfahrungen mit Dialekten in Deutschland gesammelt und gleichzeitig ermittelt werden, welche Fragen in Deutschland an einen digitalen Assistenten gestellt werden. Durch diese frühe Form der Markteinführung war *Amazon* ein hohes Medienecho gewiss. Außerdem konnten umfassende Ergebnisse aus dem täglichen Einsatz zur Optimierung der 2017 schließlich auf dem Gesamtmarkt eingeführten Produkt-Service-Kombination berücksichtigt werden. *Amazon* ging es folglich darum, die Time-to-Market zu verkürzen, indem das Time-to-Value-Konzept zum Einsatz kam. Der Erfolg dieses digitalen Assistenten in Deutschland zeigt, dass *Amazon* hier den richtigen Weg beschritten hat.

Ein wichtiges Einsatzfeld für das Time-to-Value-Konzept stellen Software-Projekte dar – etwa die **App-Entwicklung.** Hier kann häufig viel früher als bisher ein (beschränkter) Nutzerkreis in die Finalisierung der App eingebunden werden. Häufig fühlen sich solche Lead-User vom Unternehmen sogar besonders wertgeschätzt, wenn ihre Meinung und ihre Erfahrung in Entwicklungsprozesse einbezogen werden. Viele Apps, die nach langen Entwicklungsphasen schließlich das Licht der Welt erblicken und nach einmaliger Nutzung zur Sleeper-App (heruntergeladen, aber nicht mehr genutzt) werden, könnten durch den Time-to-Value-Ansatz vermieden werden (vgl. weiterführend Kreutzer und Land 2017a, S. 182–184). Im **Service-Umfeld** – bspw. bei bestimmten Dienstleistungen – kann von einem **Soft Opening** gesprochen werden.

Folglich sollten Unternehmen prüfen, ob es für bestimmte Produkt und/oder Services möglich ist, die Zeitspanne zwischen Idee und Markteinführung zu verkürzen, indem eine Ausrichtung am Zielkriterium Time-to-Value erfolgt und ein Minimum Viable Product am Markt vorgestellt wird. Hierfür ist ein Umdenken notwendig, damit auch leistungsfähige 50-, 60-, 70- oder 80-%-Lösungen bereits am Markt angeboten werden können – allerdings nur so weit, wie diese bereits relevanten Wert für die Kunden generieren (Kreutzer 2018).

Wie eine an diesen Prinzipien ausgerichtete Organisation aussehen kann, wurde beim Besuch des auf **agile Software-Entwicklung** (hier vor allem auch Apps) ausgerichteten *Pivotal Lab* im *Silicon Valley* sichtbar. Der Office-Tag beginnt bei *Pivotal* mit einem gemeinsamen Frühstück um 8.00 Uhr – natürlich gesponsert vom Unternehmen. Dies dient drei Zielen:

1. Alle sind pünktlich zum Arbeitsbeginn im Unternehmen.
2. Niemand geht ohne Frühstück ans Werk und hat dann nach einer Stunde Hunger und muss die Arbeit unterbrechen.
3. Das gemeinsame Frühstück dient dem Networking, weil man die Kollegen aufgrund der sehr konzentrierten Arbeitsweise im Laufe des Tages kaum sprechen kann.

Zum Arbeitsbeginn um 9.00 Uhr findet ein **Stand-up** statt. Innerhalb von fünf Minuten reflektieren die Mitglieder eines Teams die Arbeitsergebnisse von gestern und die Planung für den anstehenden Tag. Dann geht man ans Werk. Das bedeutet hier, dass ab jetzt eine **E-Mail-, WhatsApp-, Facebook-,** und **Twitter-freie Zone** herrscht. Die Nutzung dieser Kanäle ist während der Arbeit schlicht untersagt. Diese Arbeitsdisziplin bei *Pivotal* wird dadurch verstärkt, dass ein **Pair-Programming** stattfindet (vgl. Abb. 2.8). Die Programmierung findet immer in Zweierteams statt. Eine Person programmiert, die andere kontrolliert. So wird gemeinsam das beste Ergebnis angestrebt. Gleichzeitig findet hier ein umfassendes **Training-on-the-Job** zwischen Pilot (der programmiert) und Co-Pilot (der überwacht) statt. Die Rolle wechselt dabei innerhalb eines Zweier-Teams und im Team generell von Tag zu Tag. So wird dem Entstehen von Wissens-Silos systematisch vorgebeugt. Der Arbeitstag endet regelmäßig gegen 18.00 Uhr.

Abb. 2.8 Agile Software-Entwicklung durch Pair-Programming bei *Pivotal*

Um zusätzliche Schnelligkeit in der Arbeit zu erreichen, arbeiten die Mitarbeiter von *Pivotal* mit den Kunden in den jeweiligen Teams zusammen. Im Unternehmen selbst ist die Herkunft der hier arbeitenden Menschen – von *Pivotal* oder bspw. *BMW, VW, Mercedes* oder *Dell* nicht zu erkennen. Alle sind integrierter Teil des Teams. Gleichzeitig müssen die Delegierten der Auftraggeber autorisiert sein, im laufenden Prozess Entscheidungen zu treffen – ohne langwierige interne Abstimmungsprozesse im beauftragenden Unternehmen. Das bedeutet, dass die Agilität hier auch deshalb gelingt, weil die Auftraggeber **mehr Verantwortung** und **mehr Entscheidungsfreiheiten** in die jeweiligen Teams delegieren. Dadurch werden die Entscheidungen von der Spitze der Unternehmenshierarchie stärker in Teams verlagert (Stichwort „Empowerment"; vgl. Abschn. 2.2). Gleichzeitig werden durch die tägliche Zusammenarbeit mit dem Auftraggeber im Team sogenannte **Service-Silos** vermieden. Damit sind bspw. Entwicklungen durch Dienstleister gemeint, die sich – losgelöst vom Auftraggeber – weitgehend verselbstständigen. Solche Fehlentwicklungen stellt man im Extremfall erst viele Monate und Rechnungen später fest.

Um den Wissensstand der verschiedenen Team-Mitglieder zusammenzuführen und um gleichzeitig – für alle sichtbar – zentrale Fragen aufzuwerfen, kommt ganz klassisch **Post-its** zum Einsatz. Jedes Team-Mitglied hat eine Farbe und kann seine Punkte für alle sichtbar adressieren (vgl. Abb. 2.9).

Ein weiterer Treiber einer solchen agilen Software-Entwicklung ist die **hohe Zahl an Iterationen,** um **kontinuierliche Verbesserungen** zu erreichen. Dazu findet die gesamte Entwicklung in einem **Test-driven Environment** statt. Die hier festzustellende Performance ermöglicht es, eine bisher nicht zu leistende Geschwindigkeit zu erreichen.

Es gibt allerdings auch andere Konzepte, um die Geschwindigkeit von Entwicklungen nachhaltig zu steigern. In China wird diese in Start-ups bspw. durch die **9–9–6–1-Formel** erreicht:

- Arbeiten von 9.00–9.00 Uhr
- 6 Tage pro Woche
- Mit einer Woche Urlaub pro Jahr

Abb. 2.9 Dynamische Sammlung von Insights

Hierdurch wird in Summe 50 % länger gearbeitet als bei Wettbewerbern. Die Erfolge von *Alibaba* & Co. lassen grüßen! Auch wenn man dieses Arbeitszeitmodell sicherlich nicht übernehmen möchte – die dadurch bedingte Verschärfung des globalen Wettbewerbs bleibt bestehen.

2.4   Aufbau von Netzwerkstrukturen

Um diese höhere Schnelligkeit zu erreichen, ist auch ein **Denken und Handeln in Netzwerkstrukturen** notwendig, durch das Personen, Teams und die gesamte Organisation anders ausgerichtet werden (vgl. Abb. 2.1). Häufig stammen die Aufbau- und Ablauforganisation der Unternehmen noch aus dem vordigitalen Zeitalter und sind deshalb nicht auf die geforderte Schnelligkeit ausgerichtet. Dabei dominieren häufig noch die in Abb. 2.10 (links) zu sehenden strikt hierarchisch aufgebauten Konzepte. Unternehmensintern ist zu prüfen, ob Netzwerkstrukturen – bspw. in der Gestalt von **virtuellen Teams** – zur Beschleunigung unternehmensinterner Abläufe beitragen können (vgl. grundlegend Ebers und Maurer 2014, S. 386–406; Klimmer 2016, S. 203–206; Laudon 2017, S. 69 f.).

Die **Netzwerkorganisation** stellt eine Form der unternehmerischen Aufbauorganisation dar, um Kompetenzen, Verantwortlichkeiten und Aufgaben dynamischer zu definieren. Die Kernidee besteht darin, relativ autonome Mitarbeiter nicht über eine feste Organisation, sondern über gemeinsame Ziele und Aufgaben miteinander zu verbinden (vgl. Abb. 2.10, rechts). Der Kern einer solchen Netzwerkorganisation ist ein Mehrliniensystem – verbunden mit einem hohen Grad an Dezentralisierung. Das **Mehrliniensystem** entsteht dadurch, dass die einzelnen Stellen und damit auch die betreffenden Mitarbeiter mehreren Instanzen unterstellt sind. Zum einen sind die Mitarbeiter noch in die klassische Aufbauorganisation mit den entsprechenden Berichtslinien eingebunden; hier wird auch von der disziplinarischen Unterstellung gesprochen. Zum anderen gibt es in der parallelen Netzwerkorganisation zusätzliche, häufig projektgebundene Berichtslinien. Deshalb kommt es hier zu einer **Mehrfachunterstellung.**

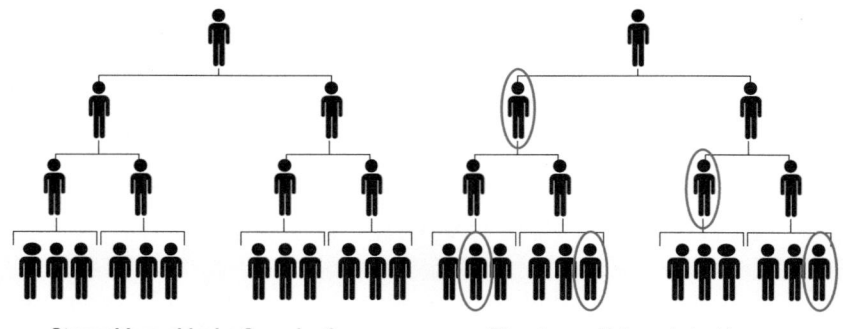

Streng hierarchische Organisation   Einsatz von Netzwerkstrukturen

Abb. 2.10 Hierarchische vs. netzwerkorientierte Strukturen der Aufbauorganisation

Die Netzwerkstrukturen sind neben der Aufgabenübernahme selbst mit den dafür notwendigen Kompetenzen und Verantwortlichkeiten zu versehen. Deshalb kommt es zu der bereits angesprochenen **Dezentralisierung.** Eine wichtige Voraussetzung dafür, dass Netzwerke funktionieren, stellt deshalb eine präzise Definition der zu erreichenden Ziele dar. Diese sind sowohl im Unternehmen wie auch im Netzwerk selbst transparent zu kommunizieren. Das Ziel solcher Netzwerke besteht darin, produktive Arbeitsbeziehungen zwischen Mitarbeitern aufzubauen – auch über verschiedene hierarchische Ebenen hinweg. Dabei ist es – allerdings nur in besonders mutigen Organisationen – möglich, dass ein solches Netzwerk bspw. von einem Mitarbeiter auf einer niedrigeren Hierarchiestufe geleitet wird, weil dieser bspw. über eine besondere Kompetenz hinsichtlich der zu leistenden Aufgabe verfügt. Hierauf müssen sich die „zuliefernden" Mitarbeiter höherer Hierarchien einstellen. Eine erfolgreiche derartige Einbindung wäre ein gelungenes Beispiel für die häufig geforderte **Rollenflexibilität von Führungskräften.** Denn gerade Netzwerke funktionieren weniger über klar definierte Berichtswege und andere formale Strukturen, sondern vielmehr durch persönliche Kontakte, kollegiale Beziehungen und eine – auf die Erreichung der gemeinsamen Ziele ausgerichteten – partnerschaftliche Zusammenarbeit.

Hervorzuheben ist, dass diese Netzwerke die bestehende Aufbauorganisation ergänzen bzw. überlagern. Deshalb wird hier auch von einer (temporären) **Sekundärorganisation** gesprochen. Diese hat den entscheidenden Vorteil, dass nach Zielerreichung das Netzwerk aufgelöst wird und die Mitarbeiter in ihre bisherigen Aufgaben zurückkehren oder in anderweitig zusammengesetzte Netzwerke mit neuen Aufgabenstellungen delegiert werden. So kann viel schneller und ohne umfassende Reorganisationen auf veränderte Rahmenbedingungen und damit verbundene Aufgaben reagiert werden.

Beim Aufbau von Netzwerkstrukturen ist tendenziell mit einem höheren **Koordinations- und Kommunikationsaufwand** zu rechnen. Schließlich ist innerhalb des Netzwerks ein koordiniertes Handeln zwischen Mitarbeitern erforderlich, die aus ganz verschiedenen Bereichen des Unternehmens – und damit u. U. auch aus verschiedenen Führungskulturen des gleichen Unternehmens – kommen. Misslingt diese Koordination, können **ungewollte Parallelarbeit** oder eine **Nichtbearbeitung erfolgskritischer Prozesse** auftreten. Einer zielorientierten, intensiven Kommunikation kommt deshalb gerade in Netzwerkstrukturen eine überragende Bedeutung zu. Diese Kommunikation stellt auch eine notwendige Bedingung dar, um das unverzichtbare Vertrauen innerhalb der Netzwerke aufzubauen.

Ergänzend kann es zum **Einsatz von externen Netzwerken** kommen (vgl. auch Dillerup und Stoi 2016, S. 514–521). Dabei werden die Netzwerkteilnehmer aus verschiedenen rechtlich und wirtschaftlich unabhängigen Organisationen rekrutiert. Die hier zu bewältigenden Aufgaben können bspw. auf die Entwicklung innovativer Produkte und Servicekonzepte, die Verzahnung von Beschaffungs- und/oder Produktionsprozessen oder die gemeinsame Digitalisierung von Vertriebsprozessen ausgerichtet sein. Der Kreativität sind hier zunächst keine Grenzen gesetzt. Das dominante Ziel besteht auch hier in der **Beschleunigung von Prozessen;** zusätzlich kann auch die **Ausschöpfung von Synergieeffekten** durch eine Zusammenführung komplementärer Ressourcen angestrebt werden.

Ein Beispiel für eine solche **Kooperation zwischen strategischen Wettbewerbern** stellt das Vorgehen von *BMW, Audi* und *Daimler* dar. Diese haben gemeinsam den Karten- und Navigationsdienst *Here* von

Nokia für 2,8 Mrd. € erworben (vgl. Sokolow 2015, S. 7). Hochpräzise **digitale Straßenkarten** sind eine entscheidende Voraussetzungen für das automatisierte Fahren. Diese Datengrundlage alleine aufzubauen, hätte für jedes einzelne Unternehmen ein hohes Investment erfordert, ohne sich dadurch wirklich im Wettbewerb differenzieren zu können. Eine Zusammenarbeit bei den nicht sichtbaren Komponenten und Technologien ist in der Automobilindustrie bereits an der Tagesordnung und wird hier zur Bewältigung der durch die Digitalisierung geschaffenen Herausforderungen sinnvoll fortgeführt.

In ihrer Konsequenz führt die Umsetzung einer Netzwerkorganisation zur Durchdringung der klassischen Wertschöpfungskette durch eine **netzwerkbasierte (informatorische) Wertschöpfungskette.** Abb. 2.11 zeigt, wie diese Ergänzung erfolgen kann. Die physische Wertschöpfungskette wird durch eine netzwerkbasierte Wertschöpfungskette angereichert. So können vielfältige Effizienz- und Effektivitätsreserven in der Wertschöpfung realisiert werden (Kreutzer 2017b).

Durch derartige Netzwerke können die in jedem Unternehmen anzutreffenden **Daten-Silos** reduziert werden. Gleichzeitig wird im Sinne eines **Outside-in-Prozesses** eine Vielzahl von Informationen aus dem

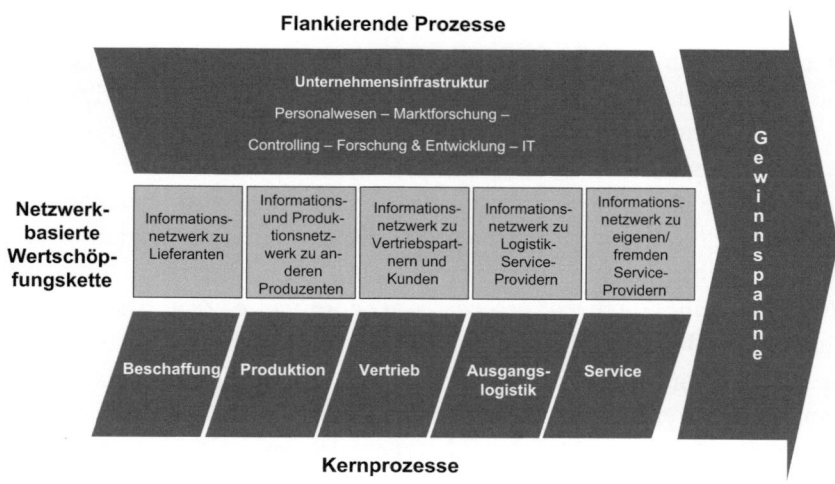

Abb. 2.11 Physische und netzwerkbasierte Wertschöpfungskette

unternehmerischen Umfeld integriert. So kann schneller und umfassender auf notwendige Veränderungen reagiert werden.

Werden die so angereicherten Wertschöpfungsketten verschiedener Unternehmen miteinander verzahnt, entstehen **Systeme integrierter Wertschöpfungsketten** (auch Value-Systems). Die Wertschöpfungskette des eigenen Unternehmens ist vernetzt mit der Wertschöpfungskette von Lieferanten einerseits und Kunden andererseits. Diese Vernetzung kann sowohl die direkten wie auch die indirekten Lieferanten und Kunden einbeziehen (vgl. Abb. 2.12). Durch diese informatorische Vernetzung können weitere Effizienz- und Effektivitätsreserven in der Wertschöpfung – sowohl auf Lieferanten- wie auch auf Kundenseite – ausgeschöpft werden. In Deutschland hat man für diesen Entwicklungsschritt einen besonderen Namen gefunden: **Industrie 4.0** (Kreutzer und Land 2016).

Der Kerninhalt von **Industrie 4.0** stellt die **Informatisierung der Fertigungstechnologien** dar. Das Ziel besteht in der Entwicklung der sogenannten „intelligenten Fabrik" (auch **Smart Factory**). Diese soll sich zum einen durch die Fähigkeit auszeichnen, sich den beschleunigenden Veränderungsprozessen leichter anpassen zu können. Zum anderen sollen die Effizienz und Effektivität der Leistungserbringung gesteigert werden, indem eine **informatorische Integration von Lieferanten und Kunden** erfolgt, wie sie in Abb. 2.12 im System der

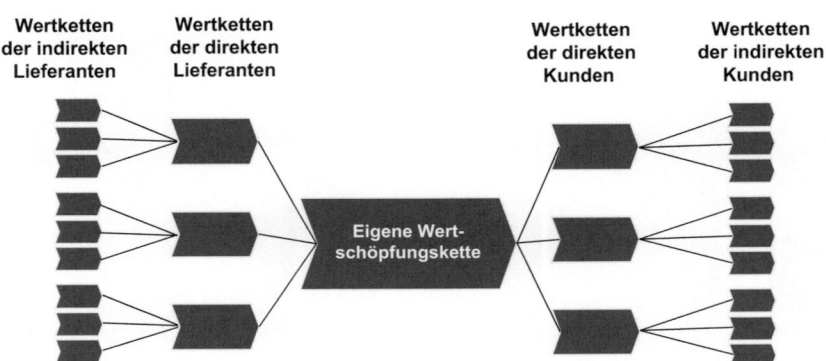

Abb. 2.12 System von Wertschöpfungsketten

Wertschöpfungsketten dargestellt wird. Wie schon aufgezeigt, bleibt diese Vernetzung aber nicht auf den Produktionsbereich beschränkt, sondern kann alle Unternehmensbereiche umfassen. Deshalb sollte auch besser über **Wirtschaft 4.0** gesprochen werden (vgl. weiterführend Kreutzer und Land 2015, 2016). Diese Ansätze stellen leistungsstarke Wege dar, um eine höhere **Agilität im Management** zu erreichen. Zusätzlich kann die Agilität durch den Einsatz von Methoden wie Scrum und Design-Thinking nachhaltig verankert werden (vgl. u. a. Gloger 2017; Schallmo 2017).

2.5   (Digitale) Markenführung

Die in Kap. 1 präsentierten Herausforderungen haben auch einen unmittelbaren Einfluss auf Kommunikation und Markenführung, der sich insb. bei der Ausgestaltung von Team und Organisation niederschlägt (vgl. Abb. 2.1; vgl. hierzu vertiefend Kreutzer und Land 2017a). Dabei gilt bspw., dass Dialoge und Diskussionen – nicht nur, aber insb. in den sozialen Medien – **auf Augenhöhe mit den Kunden** zu führen sind (vgl. Abb. 2.13). Das belehrende, (vermeintlich) besser informierte und/oder kritisierende Unternehmen bzw. dessen so agierende Repräsentanten werden in der heutigen Zeit immer weniger auf

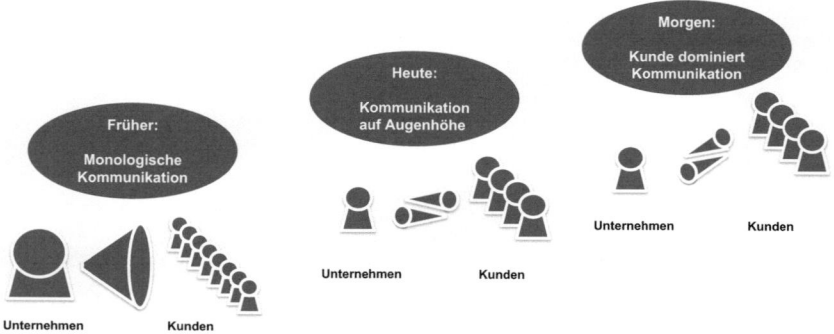

Abb. 2.13 Entwicklung von der monologischen Kommunikation über die Kommunikation auf Augenhöhe zur Kundendominanz in der Kommunikation

Akzeptanz stoßen. Dies gilt noch stärker für viele Arten der monologischen Kommunikation. Bei jeder Anfrage, bei jedem Dialogbeitrag in einer Community, einem Forum oder einem Blog sollte vor einer Reaktion davon ausgegangen werden, dass dahinter vielleicht ein gut vernetzter Kommunikator steht. Diesem – aber nicht nur diesem, sondern auch allen anderen Diskutanten – sollte mit Wertschätzung und Respekt begegnet werden. Überzeugt das unternehmerische Engagement in den sozialen Medien nicht, kann dies zu einem sogenannten Backlash (Englisch für „Gegenreaktion") und damit verbunden zu einer Verschlechterung der Akzeptanz von Marken, Angeboten und/oder des Unternehmens insgesamt führen. Passen sich die Unternehmen den veränderten Bedingungen und Regeln der Kommunikation nicht an, besteht ein hohes Scheiterrisiko. Vielleicht kommt sogar die Zeit, in der die Kunden komplett zum **Master of Communication** werden und die Kommunikation mit dem Unternehmen bzw. über das Unternehmen dominieren (Kreutzer 2015).

Für diese **Entwicklung zur Kundendominanz in der Kommunikation** gibt es viele Gründe. Eine der wichtigsten Veränderungen bezieht sich auf die von den (potenziellen) Kunden in Anspruch genommenen sogenannten Brand-Touchpoints. Unter **Brand-Touchpoints** sind die Berührungspunkte zwischen Interessenten/Kunden und einer Marke zu verstehen. Die bisherigen Ansätze zum **Management der Brand-Touchpoints** konzentrieren sich häufig noch auf die **Kontaktpunkte der unternehmenseigenen Sphäre,** die das Unternehmen selbst „betreut". Zu Brand-Touchpoints in der Offline-Welt gehören neben den stationären Geschäften, dem Außendienst und den Mitarbeitern im Customer-Service-Center auch Flyer, Kataloge, Beilagen, Rechnungen sowie die Verpackungen. Wichtige Online-Touchpoints der Marke sind die eigene Homepage, eigene Apps, ein *YouTube*-Channel sowie Marken-Auftritte bei *Facebook, Pinterest* etc. Auch E-Mails, E-Newsletter, Werbebanner, Corporate Blogs sowie die von einer Marke betriebenen Online-Foren und -Communitys stellen solche Brand-Touchpoints dar. Alle diese Touchpoints können in der Pre-Sales-, Sales- und/oder After-Sales-Phase angesprochen werden (vgl. Abb. 2.14).

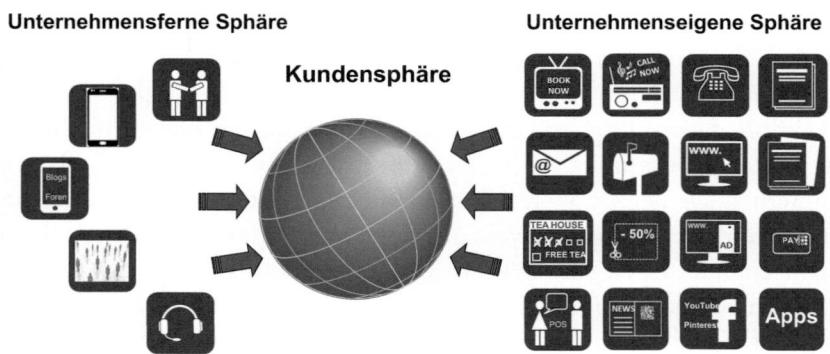

Abb. 2.14   Erweitertes Konzept der Brand-Touchpoints

Konzentriert sich ein Unternehmen nur auf diese unternehmensei-genen Touchpoints, bleiben viele (neue) Touchpoints ungenutzt und ungesteuert, auf die ein Interessent oder Kunde im Vorfeld oder parallel zu einem Kauf oder einer Produktnutzung bzw. der Inanspruchnahme einer Dienstleistung zugreift. Zu den **Kontaktpunkten der unterneh-mensfernen Sphäre** zählt nicht nur der Austausch im privaten Umfeld, sondern auch die Beschäftigung mit Unternehmen und deren Angeboten im Internet – jenseits der unternehmensgesteuerten Auftritte. Für die Informationsgewinnung der Interessenten und Kunden gewinnen solche Blogs, Communitys, Fangruppen und Bewertungsplattformen zuneh-mend an Bedeutung (vgl. Abb. 2.14). Deshalb sind auch diese in das **Brand-Touchpoint-Management** zu integrieren.

Viele Unternehmen vernachlässigen jedoch nach wie vor die Kontaktpunkte der unternehmensfernen Sphäre – da sie sich einer direk-ten Steuerung und Beeinflussung entziehen. Gleichwohl haben diese Kontaktpunkte einen zentralen Einfluss auf das Entscheidungsverhalten der Interessenten und Kunden, weil **Kundenbewertungen und Statements heute in Online-Foren und auf Bewertungsplattformen** eine höhere Glaubwürdigkeit zugeschrieben wird als den Inhalten der Unternehmenskommunikation selbst. Folglich ist das Brand-Touchpoint-Management entsprechend weiterzuentwickeln, um auch diese weiteren Touchpoints in der Unternehmenskommunikation zu berücksichtigen (Kreutzer et al. 2017).

Welches **Vertrauen in einzelne Brand-Touchpoints** gesetzt wird, zeigt eine Studie von Nielsen (2015) in Europa. Danach weisen **persönliche Empfehlungen** mit 78 % der Nennungen das höchste Vertrauenspotenzial auf („absolut" und „durchaus vertrauen"). Doch schon an zweiter Stelle liegen **Online-Empfehlungen,** denen 60 % „absolut" bzw. „durchaus" vertrauen. Auf dem dritten Platz liegen **Markenwebsites** mit 54 %, dicht gefolgt von **redaktionellem Content** (bspw. Zeitungsartikeln) mit 52 %. **Fernsehwerbung, Werbung in Zeitungen und Zeitschriften** sowie **Sponsoring** folgen mit einigem Abstand (vgl. Abb. 2.15).

Interessant ist, dass sich heute im Zuge der digitalen Markenführung besonders stark betonte Werbeformen wie **Online-Videowerbung** (33 %), **Social-Media-Werbung** (32 %), **Online-Bannerwerbung** (27 %) sowie **Werbung über mobile Endgeräte** (26 %) nur eines sehr geringen Vertrauens erfreuen können (vgl. Abb. 2.15). Gerade der Vertrauensaufbau in Unternehmen und deren Kommunikation stellt aber ein zentrales Ziel der Kommunikationsverantwortlichen dar. Teilweise wird bereits von **Vertrauen als neuer Währung in Marketing und Management** gesprochen (vgl. Kreutzer und Land 2016, S. 229–259).

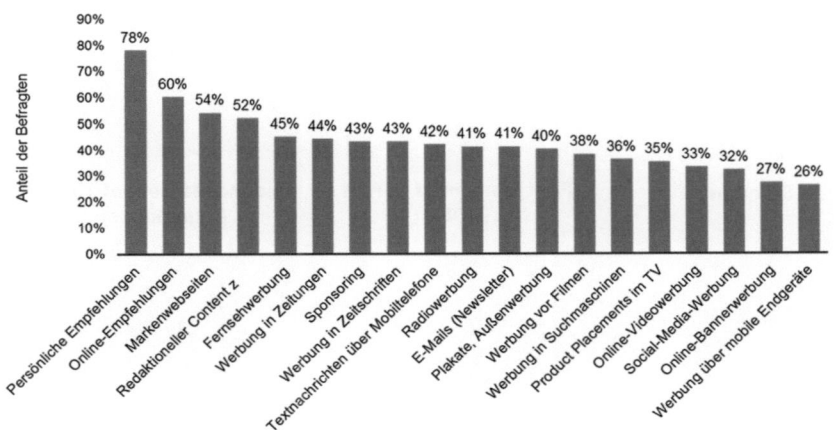

Abb. 2.15 Vertrauen in verschiedene Werbeformen in Europa – in % (Mehrfachnennungen möglich; n > 30.000 Verbraucher; Top-Two-Box „absolutes/durchaus Vertrauen"). (Quelle: Nielsen 2015)

Informationen über das Vertrauen werden in den First und Second Moment of Truth (FMOT und SMOT) genannten Phasen des Kaufprozesses gewonnen (vgl. Abb. 2.16). Der **First Moment of Truth** (FMOT) bezeichnet den Zeitpunkt, zu dem ein potenzieller Käufer ein Produkt oder eine Dienstleistung zum ersten Mal körperlich in Augenschein nehmen kann. Hier treffen die durch Werbung etc. aufgebauten **Markenerwartungen** auf die „harte Realität" des Produktes oder der Dienstleistung. Der **Second Moment of Truth** (SMOT) beschreibt den Zeitpunkt, zu dem der Käufer ein Produkt oder eine Dienstleistung tatsächlich nutzt. Hier kontrastieren sich wiederum die durch Werbung sowie die durch die erste Inaugenscheinnahme aufgebauten Markenerwartungen mit den tatsächlichen Leistungen und Erfahrungen der Produktnutzung bzw. der Inanspruchnahme der Dienstleistung. Vom **„Moment der Wahrheit"** wird jeweils gesprochen, weil sich in diesen beiden „Momenten" zeigt, ob insb. die durch die Werbung, die Angebotspräsentation sowie ggf. durch die Beratung am POS geschaffenen Markenerwartungen tatsächlich erfüllt werden (Kreutzer und Land 2016).

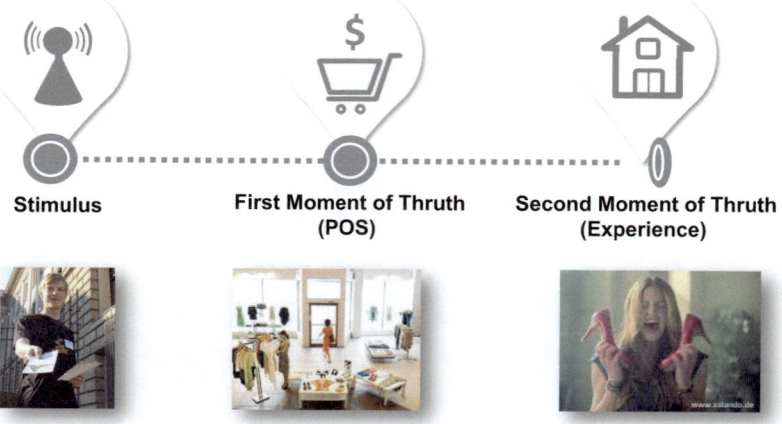

Abb. 2.16   Klassische Abfolge: Stimulus – FMOT – SMOT. (Quelle: Nach Lecinski 2011, S. 16)

Zusätzlich wird das Bild einer Marke heute durch die **Erlebnisse anderer mit einer Marke** geprägt. Deren Erfahrungen schlagen sich in dem sogenannten **ZMOT,** dem **Zero Moment of Truth,** nieder (vgl. Abb. 2.17). Hiermit ist der – den beiden anderen „Momenten" vorgelagerte – (Online-)Zugriff auf eine nahezu unüberschaubare Vielzahl von Informationen Dritter über die Marke und die mit dieser gesammelten Erfahrungen gemeint. Ein Teil dieses sogenannten User-Generated Contents sind Berichte anderer Personen, die über ihre Erlebnisse vor, während und nach Kauf- und Nutzungsakten von Marken informieren.

Informationen aus Blogs und Communitys, Kommentare bei *Facebook, Pinterest* oder über *Twitter* sowie der Zugriff auf die sogenannten Unboxing-Videos (hier wird die Öffnung einer Verpackung gefilmt und online gestellt) ermöglichen einem Kaufinteressenten eine

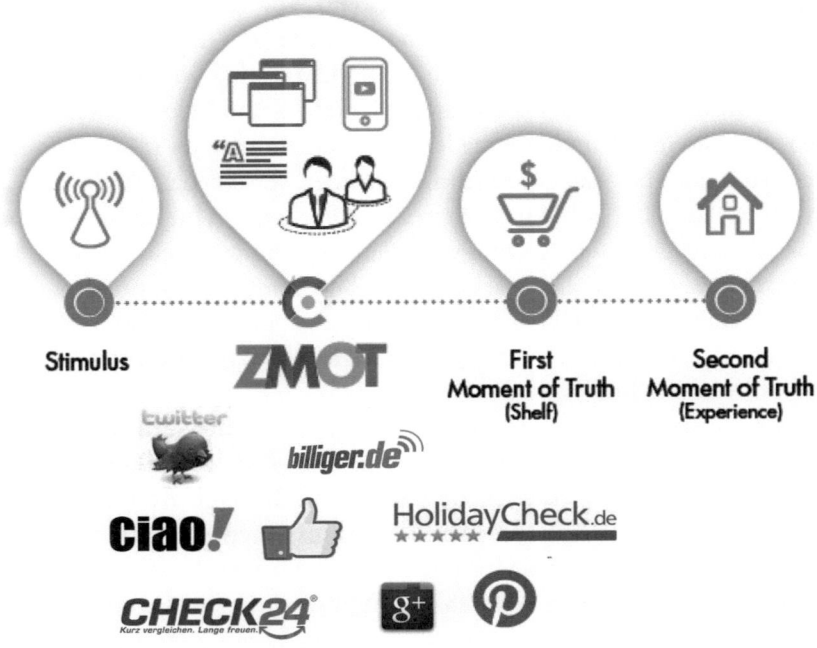

Abb. 2.17 Positionierung und Quellen des ZMOT. (Quelle: Nach Lecinski 2011, S. 17)

„Selbstbedienung in fremder Erfahrung", die diesen ZMOT inhaltlich ausgestaltet. Hierdurch werden eigene mögliche Erfahrungen durch den Zugriff auf Berichte, Fotos und Videos häufig von unbekannten Dritten „antizipiert". Noch bevor der potenzielle Käufer sich eigene Eindrücke einer Marke verschafft, kann folglich eine Vielzahl von Informationen über die Pre-Sales-, Sales-, Post-Sales- und Usage-Phase anderer Personen gewonnen werden. Der ZMOT wird folglich gespeist aus den Erfahrungen anderer entlang deren Kundenbeziehungslebenszyklus (vgl. weiterführend Kreutzer 2016, S. 33–38).

Wie wichtig die Berücksichtigung des ZMOT für Unternehmen heute ist, zeigt das schon angesprochene **Vertrauen in Online-Bewertungen** in Abb. 2.15. Wenn hier die Online-Konsumentenbewertungen – auch von unbekannten Dritten – das zweithöchste Vertrauen genießen, müssen diese ZMOT-Quellen konsequent in das Marken-Touchpoint-Management integriert werden. Deshalb sollten Unternehmen ein **Rating- und Review-Management** installieren, um die Erlangung von (guten) Kundenbewertungen nicht dem Zufall zu überlassen. Die Verantwortlichen aus den Bereichen Marketing und Sales müssen erkennen, dass sie ihre Kunden einladen und nett motivieren sollten, positive Bewertungen über das Unternehmen auf den verschiedenen Plattformen zu hinterlassen. Nach und nach werden „gute" Informationen auf den einschlägigen Bewertungsportalen zu finden sein. Wenn ein Unternehmen dank einer sehr guten Suchmaschinenoptimierung auf Platz 1 landet, bei der Kundenbewertung aber nur einen Stern von fünfen aufweist, ist das keine erfolgreiche (digitale) Markenführung (vgl. vertiefend Kreutzer und Land 2017a, S. 193–207).

Zur Einordnung der Relevanz des Rating- und Review-Managements in die Kommunikation hilft der von Simonson und Rosen (2014, S. 2 f.) entwickelte **Influence-Mix** (vgl. Abb. 2.18). Eine Kaufentscheidung wird grds. von drei Einflusskategorien beeinflusst, die zusammen den Influence-Mix bilden. Den Startpunkt stellen zunächst die eigenen bestehende Präferenzen, Wünsche, Erfahrungen sowie das vorhandene Wissen dar. Weitere Einflüsse stellen die Informationen des Anbieters dar. Schließlich tragen auch die Informationen von anderen Dritten, bspw. von Freunden sowie von Kunden, Mitarbeitern und

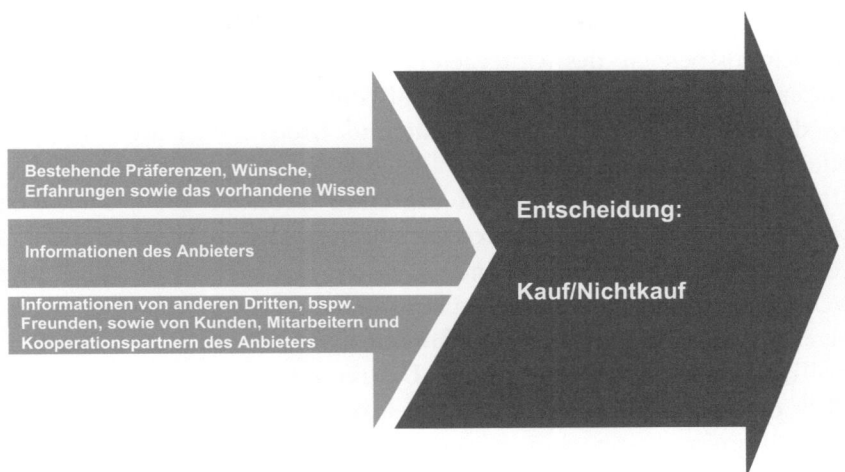

Abb. 2.18 Influence-Mix

Kooperationspartnern des anbietenden Unternehmens zur Kauf-/Nicht-Kauf-Entscheidung bei.

Doch welche Einflusssphären sind besonders wichtig? Wenn ein Interessent in hohem Maße auf sein eigenes Wissen vertraut, benötigt er nicht viele weitere Informationen. Ein „Unwissender" wird sich dagegen auf die Informationen des Anbieters sowie von weiteren Dritten stürzen, um eine Entscheidung zu fundieren. Die jeweils in Anspruch genommenen Informationsquellen sind dabei in hohem Maße von der Art der Kaufentscheidung abhängig. Bei habitualisierten, d. h. gewohnheitsmäßig durchgeführten Käufen (etwa bei Brot oder Milch), findet häufig keine weitere Informationsgewinnung vor dem jeweiligen Kaufakt statt. Ganz anders sieht das bei komplexen Kaufentscheidungen aus, bspw. für hochwertige Technologieprodukte (Smart TV, Smartphone) oder etwa bei der Wahl des Anbieters für ein Master- oder MBA-Studium. Hier werden häufig viele verschiedene Informationsquellen zur Absicherung der Entscheidung herangezogen (vgl. Simonson und Rosen 2014, S. 3).

Jedes Unternehmen sollte sich deshalb fragen, in welche Kategorie die eigenen Produkte und Dienstleistungen fallen, um die notwendigen Informationen an den relevanten Touchpoints – so sie im Einflussbereich des Unternehmens liegen – bereitzustellen. Die Unterscheidung von High- und Low-Involvement-Kaufentscheidungen ist dafür sehr hilfreich (vgl. grundlegend Kroeber-Riel und Gröppel-Klein 2013, S. 461–463).

Bei der **Markenführung im digitalen Zeitalter** sollte man sich vor Augen führen, dass die externen Stakeholder nicht mehr auf die reine Rezeption beschränkt sind, d. h. auf die bloße Aufnahme und Verarbeitung der über die 5 Ps übermittelten Botschaften. Neben der eigenen **Brand-Experience des Kunden** im First und Second Moment of Truth treten die **Interaktionen Dritter mit einer Marke,** die sich über digitale Kanäle in Realtime weltweit verbreiten können. Wenn bspw. Trainingsanzüge von *Adidas* verstärkt von sozialen Randgruppen getragen werden und nicht nur von den Gewinnern der Fußball-Weltmeisterschaft, wirkt sich dies – hier negativ – auf das Markenimage aus. Wenn dagegen Prominente sichtbar zu bestimmten Produkten oder Dienstleistungen greifen, ist mit einem entsprechenden Imagegewinn für die Marke zu rechnen. Durch die sozialen Medien werden diese Arten der Interaktion häufig in Sekunden weltweit sichtbar. Angesichts dieser Entwicklungen wird nachvollziehbar, warum sich das Thema Influencer-Marketing einer so großen Bedeutung erfreut (vgl. hierzu Kreutzer und Land 2017a, S. 209–229).

Zusätzlich bieten die digitalen Medien den Stakeholdern – und hier insb. den Kunden – eine Vielzahl von Plattformen für eine eigene markenbezogene Kommunikation, die unabhängig vom Unternehmen erfolgen und das Brand Image massiv mitgestalten und mitprägen kann. Dabei geht es vermehrt um **Erfahrungen Dritter mit einer Marke.** Dieser sogenannte **User-Generated Content** erfolgt über Likes, Comments, Shares, Tweets, durch Bewertungen auf den entsprechenden Plattformen (bspw. *Yelp, HolidayCheck, TripAdvisor*), aber auch über anspruchsvollere Kreationen auf *YouTube, Vimeo, Instagram* oder *Pinterest* oder durch Aktivitäten in (kundeneigenen) Blogs oder Communitys. Abb. 2.19 verdeutlicht diese Entwicklung. Damit wird deutlich, dass bei der (digitalen) Markenführung weitere Aspekte zu berücksichtigen sind, weil auch diese einen nachhaltigen **Einfluss auf die Entstehung des Brand-Value** haben – für

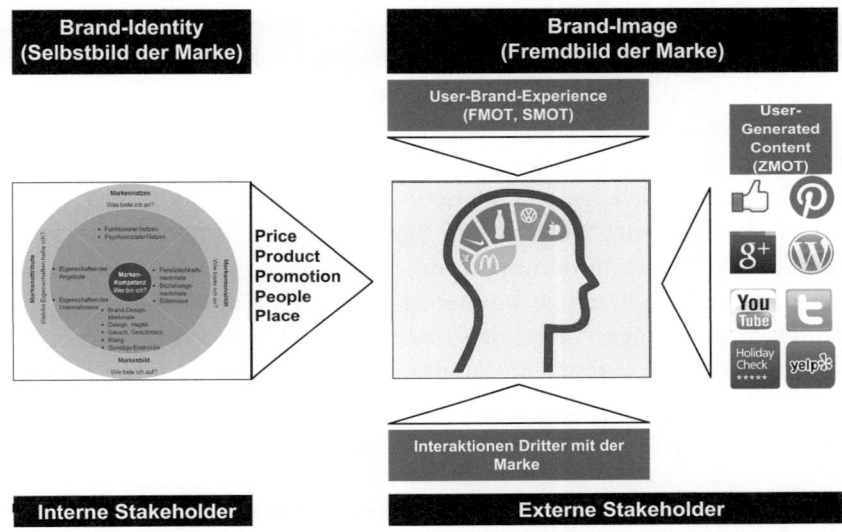

Abb. 2.19 Einflussfaktoren des Brand-Images im digitalen Zeitalter

Unternehmen und Stakeholder gleichermaßen. Diese Aspekte sind bei der Unternehmenskommunikation zu berücksichtigen (vgl. weiterführend Kreutzer und Land 2017a).

2.6 Weiterentwicklung der internen Kommunikationsstrukturen

Die Kommunikation, die sich am Noline-Prinzip orientiert, erfordert eine regelrechte **Newsroom-Lösung,** die tief in die Organisation eines Unternehmens hineinstrahlt (vgl. Abb. 2.1). Darunter ist ein Konzept zu verstehen, bei dem – analog zum Vorgehen in den Redaktionen von Zeitungen und TV-/Radio-Kanälen – alle aktuellen Meldungen zu Angeboten, Marken, Strategien sowie des Unternehmens generell an einer zentralen Stelle zusammenlaufen, um schnell und konsistent darauf reagieren zu können. An diesem Ort können die Inhalte der Kommunikation in den sozialen Medien, aus dem Customer-Service-Center zusammen mit den Erkenntnissen des Web-Monitorings zusammengeführt und in Verbindung mit den weiteren Herausforderungen des Marktes analysiert werden. Dann gilt es, auch proaktiv zentrale Themen zu definieren und die zu ihrer Bearbeitung relevanten Kanäle und konkreten Inhalte unternehmensweit abzustimmen. Auf diese Weise kann der vielfach geforderte **360°-Blickwinkel auf die Märkte** sichergestellt werden.

Der **Vorteil von Newsrooms** besteht darin, schneller auf kommunikative Herausforderungen des Marktes reagieren und kraftvoll nach vorne agieren zu können. Das Konzept des Newsrooms, das Verantwortungsträger aus den relevanten Unternehmensbereichen zusammenführt, vermeidet langwierige Abstimmungsprozesse, wie sie gerade in großen Unternehmen häufig noch anzutreffen sind. So kann – trotz hoher Reaktionsgeschwindigkeit – eine **One-Voice-Policy** sichergestellt werden. Diese kann sowohl bei schnellen Reaktionen auf Marktchancen wie auch bei der kurzfristigen Umsetzung von Aktionen gelingen (vgl. vertiefend Lauth 2016).

Durch die **Zusammenführung von Wissens- und Verantwortungsträgern** in ein (virtuelles) Team können die Unternehmen schnell und konsistent regieren – über alle Kommunikationskanäle hinweg. Hierzu werden die eingehenden Informationen kontinuierlich analysiert und hinsichtlich ihrer Relevanz bewertet. Gleichzeitig können aufgrund der Ergebnisse dieses Screenings wichtige Anhaltspunkte für die Entwicklung eigener Inhalte für das Content-Marketing gewonnen werden. So werden die Unternehmen Schritt für Schritt selbst zu Medienhäusern. Hierzu ist es erforderlich, dass bestehende Strukturen aufgebrochen und neue Verantwortlichkeiten definiert werden, um die häufig anzutreffende Trennung zwischen Themen- und Kanalverantwortlichen aufzuheben (vgl. Abb. 2.20).

Die **Implementierung eines Newsroom-Konzepts** geht folglich für die meisten Unternehmen mit einem Change-Prozess einher. Schließlich müssen langjährig etablierte Prozess- und Daten-Silos überwunden und zu einem Gesamtkonzept zusammengeführt werden. Auch hier werden die größten Schwierigkeiten in den kognitiven Firewalls bei den betroffenen Mitarbeitern liegen. Diese kann man für die Veränderung nur dann erfolgreich gewinnen, wenn sichtbar gemacht wird, welche Chancen mit einem solchen Vorgehen für das

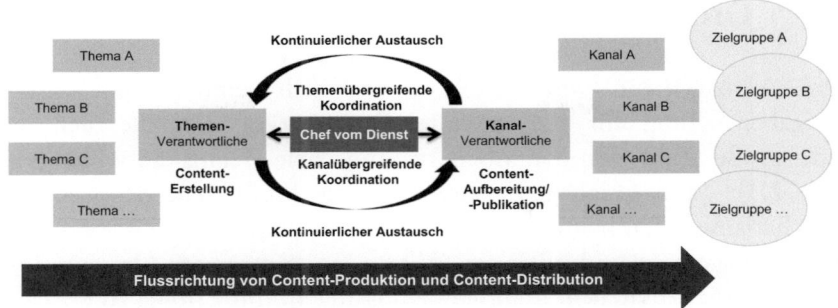

Abb. 2.20 Arbeitsprozess von Themen- und Kanalverantwortlichen im Newsroom. (Quelle: In Anlehnung an Lauth 2016)

Unternehmen verbunden sind. Um die notwendige Veränderung auch physisch sichtbar zu machen, kommen bei Newsrooms häufig sogenannte **Open-Space-Büros** zum Einsatz. Hierdurch werden – auch optisch für alle sichtbar – Kommunikationsbarrieren eingerissen.

Trotz aller gewünschten Agilität, die mit solchen Konzepten angestrebt werden, kommen auch Newsroom-Konzepte nicht ohne Strukturen aus. **Formelle Besprechungsroutinen** (etwa in Form von Strategiekonferenzen oder Meetings zur Diskussion der Morgenlage) tragen zur Strukturierung der Arbeit bei und bieten den kommunikativen Raum, sich über größere Projekte auszutauschen. Daneben kommen – für die Bewältigung der Routineaufgaben – **informelle Absprachen** zum Einsatz. Die Gesamtverantwortung für den Newsroom hat häufig – wie in klassischen Redaktionen – ein **Chef vom Dienst** (CvD). Seine Aufgabe besteht darin, die Themenagenda verantwortlich zu erarbeiten und kommunikative Handlungsschwerpunkte zu setzen. Er stellt auch die Letztinstanz für kritische Abstimmungsprozesse dar. Zusätzlich ist durch den CvD und sein Team sicherzustellen, dass die Informationen, die aus den Märkten generiert werden, auch an die betreffenden Stellen im Unternehmen weitergeleitet werden, um den Outside-in-Prozess zu unterstützen.

Unternehmen wie *Siemens* und *Microsoft* haben schon 2012 mit dem Aufbau von Newsrooms begonnen. Inzwischen sind mit *Merck, RWE* und *Datev* weitere Unternehmen gefolgt. Bei der Umsetzung von Newsroom-Konzepten ist mit Vorlaufzeiten zwischen ein und zwei Jahren zu rechnen.

2.7 Organisation von Innovation

Das Management von Innovationen stellt eine weitere große Aufgabenstellung für die gesamte Organisation dar, die sich auf eine große Zahl von Mitarbeitern und viele Teams auswirkt (vgl. Abb. 2.1). Eine **kreative Erneuerung** von Produkten, Services und Geschäftsmodellen benötigt nicht nur eine strategische Verankerung im Top-Management und (digitales) Wissen in der gesamten Organisation, sondern auch zusätzliche Rahmenbedingungen, um Erfolge zu erzielen. Hierbei ist zu prüfen, wie durchgreifend das eigene Geschäftsmodell zu hinterfragen und ggf. zu überarbeiten oder sogar abzulösen ist (vgl. vertiefend Schallmo et al. 2017). Zur Orientierung bei der Beantwortung dieser Frage kann das sogenannte **3-Horizonte-Modell** zum Einsatz kommen (vgl. Abb. 2.21; Baghai et al. 2000, S. 5–17; Blank 2015).

Diese verschiedenen Geschäftsmodelle können wie folgt gekennzeichnet werden (Kreutzer et al. 2016, S. 77 f.):

- **Horizont-1-Geschäftsmodelle**
  Die Horizont-1-Geschäftsmodelle beschreiben den aktuellen Status eines Unternehmens. Das heute existierende Geschäftsmodell

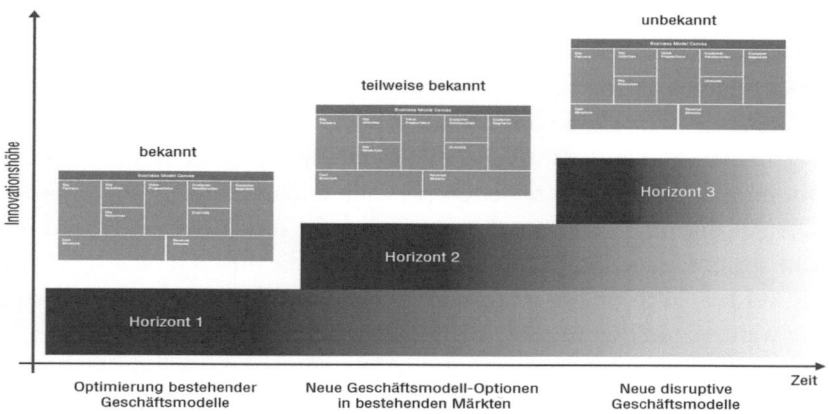

Abb. 2.21 Grundkonzept des 3-Horizonte-Modell. (Quelle: Kreutzer et al. 2016, S. 76; in Anlehnung an Baghai et al. 2000, S. 5; Blank 2015)

wird abgebildet und ausgeführt. Die dabei entstehenden Erträge und Cashflows stehen im Zentrum der Betrachtung. Sie sind nicht zuletzt auch Voraussetzung dafür, dass Innovationsaktivitäten finanziert werden können. Dieses Kerngeschäft soll ggf. erweitert und/ oder verteidigt werden. In diesen reifen Geschäftsmodellen gilt es durch inkrementelle Verbesserungen von Prozessen, Produkten und/ oder Dienstleistungen Wachstum zu generieren und Profitabilität zu sichern.

- **Horizont-2-Geschäftsmodelle**
  Die Horizont-2-Geschäftsmodelle entwickeln Optionen für Geschäftsmodellinnovationen in Bezug auf relevante Märkte bestehender Horizont-1-Geschäftsmodelle. Neue, daraus erwachsende Geschäftsmodellinitiativen werden oft mittels erheblicher Investitionen aufgebaut. Und obwohl deren beste Zeiten noch vier bis fünf Jahre in der Zukunft liegen, erzeugen sie bereits initiale Erträge und Aufmerksamkeit bei Investoren.
- **Horizont-3-Geschäftsmodelle**
  Die Horizont-3-Geschäftsmodelle sind hochinnovativ (häufig auch disruptiv) und stellen Ansätze für vollkommen neue Geschäftslogiken dar. Dafür setzen sie sich mit einzelnen Fähigkeiten oder Kundengruppen der heute existierenden Unternehmung oder potenzieller neuer Ventures auseinander. Strategische Optionen für disruptive Veränderungen werden erforscht und Ideen in konkrete Modelle überführt.

Aus diesem Modell der Geschäftsmodellhorizonte ergeben sich **verschiedene Reichweiten der Geschäftsmodellinnovation.** Horizont-1-Geschäftsmodelle stellen bestehende Geschäftslogiken dar, deren Ausführung im Fokus der bestehenden Organisation steht und wofür vor allem **inkrementelle (digitale) Optimierung** relevant ist. Dies kann bspw. die Verbesserung des Kundenservices durch eine Verstärkung des Service-Teams sein. Oder es wird ein Customer-Relationship-Management-System eingeführt, um die Kundenbetreuung eines E-Commerce-Unternehmens zu verbessern. Die Innovationshöhe bleibt hier relativ gering. Das bestehende Geschäftsmodell wird lediglich in Teilbereichen verbessert, Wettbewerbsvorteile werden ausgebaut.

Eine umfassende organisatorische Weiterentwicklung bleibt allerdings nicht auf der ersten Ebene der Geschäftsmodellentwicklung stehen. Ein solcher Fokus ist nur so lange akzeptabel, wie bestehende Geschäftsmodelle nicht durch Umbrüche oder Innovationen anderer Marktteilnehmer nachhaltig gefährdet werden. Wesentlich wichtiger für die nachhaltige Absicherung des Geschäftserfolges sind dagegen in vielen Branchen die genannten Horizont-2- und Horizont-3-Geschäftsmodelle. Hier gilt es bspw., nicht-digitale Horizont-1-Geschäftsmodelle erstmals in eine digitale Welt zu überführen oder digitale Geschäftslogiken der ersten Ebene hinsichtlich neuer Optionen zu überdenken und damit kontinuierliche und diskontinuierliche Veränderungen selbst herbeizuführen.

Das 3-Horizonte-Modell kann am Beispiel der Geschäftslogik-Ebenen von *Amazon* verdeutlicht werden. Lange Zeit galt das Unternehmen als reiner E-Commerce-Player, der seinen Wettbewerbsvorteil aus einer breiten Angebotspalette und einer marktführenden Logistik bezog. *Amazon* war hier insb. auf der Prozessebene innovativ tätig. So lag der Fokus auf der prozessualen Algorithmen- und Logistikoptimierung. Zusätzlich wurde das Leistungsangebot der verkauften Produkte – ausgehend von Büchern – kontinuierlich um alle möglichen weiteren Produkte und Dienstleistungen ergänzt. Doch wesentlich interessanter war es, wie das Unternehmen parallel in zukünftigen Geschäftsmodellen dachte – und heute noch denkt. Noch bevor andere Anbieter *Amazon* gefährlich werden konnten, erweiterte es das grundlegende E-Commerce-Modell (Horizont 1) um ein Marktplatzangebot namens *Amazon Marketplace*. Dieses erlaubte es einer Vielzahl von oftmals kleinen Verkäufern, die leistungsstarke unternehmenseigene Plattform als neuen Vertriebskanal zu nutzen und automatisch Millionen potenzieller Kunden zu erreichen (Horizont 2). Damit erweiterte *Amazon* seine Angebotspalette erheblich und migrierte vom reinen Commerce-Modell auf ein Plattform-Modell, das Anbieter und Nachfrager von Waren aller Art zusammenbrachte. Parallel dazu erkannte *Amazon,* welcher Wert in der eigenen Infrastruktur lag, und baute zusätzlich einen vollkommen neuen Markt durch das Angebot der Cloud-Dienste *Amazon Elastic Cloud* und *Amazon Web Services* (Horizont 3) auf. *Amazon* erweiterte damit nicht nur das Wirkungsfeld massiv, sondern schuf auch neue Bedingungen für die Nutzung leistungsfähigster Web-Infrastruktur für Entwickler und Software-Unternehmen weltweit.

Auf jedem der dargestellten Horizonte können jeweils mehrere mögliche Geschäftsmodelle entstehen, die es zu testen und hinsichtlich ihres Geschäftswertes zu verifizieren gilt. Während die Erfolgsrelevanz von Logikänderungen auf der ersten Horizont-Ebene noch durch klassische geschäftsrelevante Metriken wie Umsatzveränderung, Kundenzufriedenheitsindizes oder die Anzahl neu gewonnener Kunden messbar ist, können diese Kenngrößen für Horizont-2- und Horizont-3-Modelle nicht, nicht alleine oder nicht sofort genutzt werden. Hier geht es oftmals zunächst um das **Generieren allgemeiner Lerneffekte** zu grundlegenden modellrelevanten Hypothesen, die durch iteratives Testen und den inkrementellen Aufbau neuer Leistungsangebote entstehen (Kreutzer et al. 2017, S. 78 f.).

Bei einer durchgreifenden digitalen Transformation, die sich nicht mit oberflächlichen Anpassungen zufrieden gibt, ist Folgendes zu berücksichtigen: Unternehmen sollten sich vor Augen führen, dass es im Zuge einer digitalen Transformation **keine einheitliche Organisationsstruktur** geben kann, die sowohl der reibungslosen Abwicklung des Kerngeschäftes als auch der Generierung von (radikalen) digitalen Innovationen optimal dient. Um durchgreifende kreative Erneuerungen von Produkten, Services und Geschäftsmodellen zu erreichen, werden nicht nur eine strategische Verankerung im Top-Management und digitales Wissen in der gesamten Organisation benötigt. Es sind zusätzliche Rahmenbedingungen zu schaffen, damit neue Geschäftsmodelle, Produkte, Services etc. Raum greifen können. Govindarajan und Trimble (2010, S. 10–14) haben hierfür ein überzeugendes Denkkonzept entwickelt (Kreutzer et al. 2017, S. 101–110):

- Die Mehrheit der (etablierten) Unternehmen ist heute nur sehr eingeschränkt auf die Entwicklung von bahnbrechenden Innovationen vorbereitet, die ggf. sogar das eigene Geschäftsmodell, eigene Produkte und Dienstleistungen ganz oder partiell infrage stellen. Das Herzstück dieser Unternehmen stellt vielmehr eine sogenannte **Performance-Engine** dar. Diese entspricht gleichsam einem Motor, dessen Daseinszweck darin besteht, verlässlich und mit möglichst hohem Wirkungsgrad die definierten Produkte und Dienstleistungen in der gewünschten Qualität zu definierten Kosten – häufig in hohen Stückzahlen – zu erzeugen. Hier ist an die Fließbänder bei *Volkswagen* und *Audi,* aber auch an die Fertigungsstraßen bei *Henkel, Unilever* und *BASF* denken. Bei der Performance-Engine sind Stabilität, Vorsehbarkeit, Routine und Null-Fehler-Toleranz die dominierenden Erfolgsfaktoren.

- Die **Performance-Engine** dominiert gleichsam das gesamte Unternehmen. Deshalb werden alle Aktivitäten, die dem bekannten Muster zuwider laufen und die damit für Unsicherheit und Ineffizienz sorgen, abgeblockt, zeitlich und/oder ressourcenmäßig unterversorgt oder sogar gänzlich abgestellt. Diese Verhaltensmuster sind aus der Sicht der Performance-Engine kein ungewolltes Fehlverhalten, sondern die Absicherung des eigenen Erfolgsmodells.

- Dieser Performance-Engine ist ein eher netzwerkartig organisiertes Konzept gegenüberzustellen, welches viel schneller auf Veränderungen der Umwelt reagieren kann – und reagieren darf. Weil dies der Kern dieses Bereiches ist. Hierfür kann der Begriff der **Innovation-Engine** eingesetzt werden. In diesem Bereich können – unabhängig vom Kerngeschäft des Unternehmens – innovative digitale Projekte mit radikalem oder/ und disruptivem Charakter entwickelt werden. Die handlungsbestimmenden Leitideen sind dabei Systemoffenheit, Fehlertoleranz und die Suche nach zukünftigen strategisch wertvollen Geschäftsmöglichkeiten – unabhängig und unbeeinflusst von der eigenen Performance-Engine.

- Eine **Innovation-Engine** muss nicht zwingend innerhalb der eigenen Organisation eingebunden sein. Die Nähe zum operativen Geschäft kann sich sogar als kontraproduktiv für digitale Transformationsaktivitäten herausstellen. Eine interessante Alternative hierzu stellt die Gründung von oder Beteiligung an **eigenständigen digitalen Unternehmen** dar, die den Kern der Innovation-Engine ausmachen. Diese wären mit der heutigen Organisation zunächst nur relativ lose verbunden. Die Verknüpfung der entsprechenden Investitionen bestünde primär auf gesellschaftsrechtlicher Ebene.

- Innerhalb der Innovation-Engine können verschiedene **Aufgabenfelder** definiert werden. Hier kann bspw. am Aufbau einer digitalen Plattform zur Realisierung eines neuen Geschäftsmodells für eine neue Zielgruppe gearbeitet werden – ohne dass bei jedem Schritt geprüft werden muss, ob man damit eigene bisherige Aktivitäten kannibalisiert. Außerdem können „smarte" und vernetzte Produkte mit tiefer Verankerung in digitale Applikationen entwickelt werden, die als „digitale Versionen" der bisher vertriebenen Produkte und Serviceangebote aus dem analogen Bereich diese obsolet machen können.

Dazu bedarf es der **Auflösung des organisatorischen Dilemmas** – konkret des Dualismus zwischen einem „hierarchisch-mechanistisch gegliederten Management-System des heutigen operativen Handelns" (i. S. der Performance-Engine) und „verstärkt evolutionären und netzwerkartig organisierten Strukturen, um erfolgreiches Innovationshandeln zu unterstützen" (i. S. der Innovation-Engine). Jedes stark auf Innovation setzende Unternehmen sollte prüfen, ob die bestehende Organisation langfristig in Richtung einer **dualen Organisation** mit den in Abb. 2.22 beschriebenen Teilen weiterzuentwickeln ist (vgl. Kotter 2014, S. 20–24). Wichtig ist hierbei, dass die **Verknüpfung von Performance-und Innovation-Engine** nur punktuell und nach dem **Prinzip einer partnerschaftlichen Zusammenarbeit** erfolgen darf. Eine Erfolgsvoraussetzung für diese Zusammenarbeit besteht darin, dass alle Mitarbeiter der beiden Engines die Relevanz der jeweils anderen erkennen und diese entsprechend wertschätzen. Erst dann wird die **Aufgabenteilung zwischen Performance- und Innovation-Engine**

Performance-Engine	Innovation-Engine
(hierarchisch strukturierter Organisationsteil)	(netzwerkorientierter Organisationsteil)
• Wohldefinierte und bewährte Ablauf-und Aufbauorganisation • Management des operativen Geschäfts – orientiert an den Anforderungen nach Verlässlichkeit, Effizienz und null Fehlern • Veränderungen finden primär im Zuge von inkrementellen Schritten dar	• Auf Agilität (Innovation und Schnelligkeit) ausgerichtete Arbeitsorganisation • Management von Projekten mit radikalem, disruptivem, ggf. kannibalisierendem Charakter • Offenheit, Fehlertoleranz, Flexibilität und Schnelligkeit als zentrale Anforderungen
Wichtig: Hier wird **heute**das Geld verdient!	**Wichtig:** Hier wird **morgen**das Geld verdient!

Abb. 2.22 Dualismus im Transformationsprozess

in ihrer Bedeutung für das längerfristige Überleben des Unternehmens nachvollziehbar. So entstehen in der Innovation-Engine neue Geschäftsideen, die für die nachhaltige Unternehmensentwicklung unverzichtbar sind. Eine Voraussetzung dafür ist die Bereitstellung der Finanzmittel, die durch die Performance-Engine generiert werden.

Erfolgreiche digitale Innovationsaktivitäten mit erheblichem Neuigkeitsgrad entstehen in einer **vertrauensvollen Partnerschaft** zwischen **Experten der Performance-Engine** – die zeitweise und nicht zwangsläufig in Vollzeit involviert werden – und einem dezidiert für die jeweiligen Vorhaben aufgebauten **Innovationsteam,** das i. d. R. auch neues Personal oder eine gänzlich eigenständige Organisation von außen benötigt. Das Team der Innovation-Engine wird hierzu oft mit unternehmensexternen Fachkräften bestückt. Die temporär involvierten Mitarbeiter der Performance-Engine behalten ihre bisherigen Verantwortungsbereiche und bringen sich zusätzlich in die Innovation-Engine ein. Sie werden nach klaren Regeln und zu betriebswirtschaftlich nachvollziehbaren Kosten in digitale Vorhaben involviert. Sie stellen gleichsam einen Linking Pin zwischen den beiden Welten dar. Klare Erwartungen und Problemlösungsmechanismen sind für das Funktionieren der **Partnerschaft zwischen Shared Staff und Dedicated Team** zu implementieren (vgl. weiterführend Kreutzer et al. 2017).

Ihr Transfer in die Praxis

- Welche Möglichkeiten haben wir zum Empowerment unserer Mitarbeiter schon genutzt?
- Welche weiteren Ansatzpunkte sollten wir aufgreifen?
- Wie können wir unternehmensinterne Prozesse beschleunigen?
- Was haben unsere Wettbewerber in diesen Feldern schon erreicht?
- Wie erfolgreich haben wir bisher bereits Netzwerke aufgebaut – und was sollten wir hier noch anstreben?
- Wie digital ist unsere Markenführung schon ausgerichtet?
- Welche Potenziale der digitalen Markenführung sind noch zu heben?
- Wie können wir unsere interne Kommunikation verbessern?
- Wie wird Innovation bei uns intern organisiert?
- Welche Verbesserungspotenziale sind erkennbar?

3

Ausgestaltung des Change-Managements

Zusammenfassung In diesem Kapitel wird aufgezeigt, durch welche Maßnahmen Veränderungen in Führung und Organisation in den Unternehmen erfolgreich umgesetzt werden können. Hierzu bedarf es eines professionellen Change-Managements, ohne das die notwendigen Veränderungsprozesse scheitern werden.

Was Sie aus diesem Kapitel mitnehmen

- Erkennen der verschiedenen Aufgaben des Change-Managements
- Wissen um die unverzichtbaren Baustein des Change-Managements
- Einsatz der Betroffenheitsmatrix zur Analyse des Status quo
- Wissen um die Ausgestaltung des Change-Prozesses
- Hindernisse und Verlauf eines erfolgreichen Change-Prozesses
- Einflussfaktoren des Change-Prozesses

© Springer Fachmedien Wiesbaden GmbH, ein Teil von Springer Nature 2018
R. T. Kreutzer, *Führungs- und Organisationskonzepte im digitalen Zeitalter kompakt*,
https://doi.org/10.1007/978-3-658-21448-7_3

3.1   Gestaltungsfaktoren des Change-Management-Prozesses

Mit dem Begriff Change-Management wird die zielorientierte, umfassende, häufig bereichsübergreifende Umgestaltung von Strukturen, Prozessen, Geschäftsfeldern und ganzen Unternehmen bezeichnet. Change-Management verfolgt das Ziel, die entsprechenden Bereiche auf neue Anforderungen der externen Umwelt auszurichten bzw. bei der Umsetzung einer veränderten strategischen Ausrichtung zu unterstützen. Damit wird deutlich: Von Change-Management im Business-Kontext wird gesprochen, wenn tief greifende und umfassende Veränderungen im Unternehmen anstehen, die über regelmäßig vorzunehmende kleinere Anpassungen im täglichen Geschäftsprinzip deutlich hinausgehen (Kreutzer und Land 2017b).

Es lassen sich Aufgaben des Change-Managements unterscheiden, die zur Verankerung der vorgenannten Veränderungen in Führung und Organisation notwendig sind:

- **Change-Management auf der Ebene von organisatorischen Strukturen**
  In diesem Fall wird die Aufbauorganisation eines Unternehmens, die sich im Organigramm widerspiegelt, weiterentwickelt. Hier wird häufig auch von einer Reorganisation gesprochen. Ein solcher Schritt ist bspw. notwendig, um ein Empowerment von Mitarbeitern und Teams zu fördern (vgl. Abschn. 2.2). Auch die Etablierung eines Newsroom-Konzepts (vgl. Abschn. 2.6) sowie eines dualen Organisationsmodells (vgl. Abschn. 2.7) gehört zu dieser Art des Change-Managements.
- **Change-Management auf der Ebene von Prozessen**
  Auf der prozessualen Ebene sind die Konzepte zur Beschleunigung interner Abläufe angesiedelt (vgl. Abschn. 2.3). Eine durchgreifende Veränderung unternehmensinterner Prozesse ist bspw. auch dann gegeben, wenn die Einkaufsaktivitäten des Unternehmens aufgrund von strategischen Vorgaben zur Kostenreduktion neu auszurichten sind. Die zunehmende Vernetzung mit vor- und nachgelagerten Leistungspartnern zum Aufbau von Wertschöpfungssystemen gehört ebenfalls in diese Kategorie (vgl. Abschn. 2.4). Auch die

Herausforderungen zur Etablierung einer (digitalen) Markenführung sind hier angesiedelt (vgl. Abschn. 2.5).

- **Change-Management auf der Ebene von Geschäftsfeldern**
  Ein Change-Management in diesem Bereich der Horizont-2- und Horizont-3-Geschäftsmodelle kann zum einen mit dem Verkauf ganzer Geschäftsfelder oder Unternehmensbereiche einhergehen, die nicht mehr zur weiterentwickelten Unternehmensstrategie passen. In diese Kategorie fällt auch der Einstieg in neue Geschäftsfelder, die zur Ausfüllung einer neuen Unternehmensstrategie notwendig werden. Die dazu führenden Entwicklungen können aus der Innovation-Engine hervorgehen (vgl. Abschn. 2.7).

- **Change-Management auf der Ebene des ganzen Unternehmens**
  In dieser Stufe wird gleichsam das gesamte Unternehmen neu ausgerichtet. Das kann notwendig werden, wenn die bestehende Performance-Engine durch Konzepte abgelöst werden soll, die im Zuge der Innovation-Engine erarbeitet wurden (vgl. Abschn. 2.7).

Die Abb. 3.1 zeigt die für eine Weiterentwicklung von Führung und Organisation unverzichtbaren Bausteine des Change-Managements. Zum Startzeitpunkt des Veränderungsprozesses muss zunächst eine

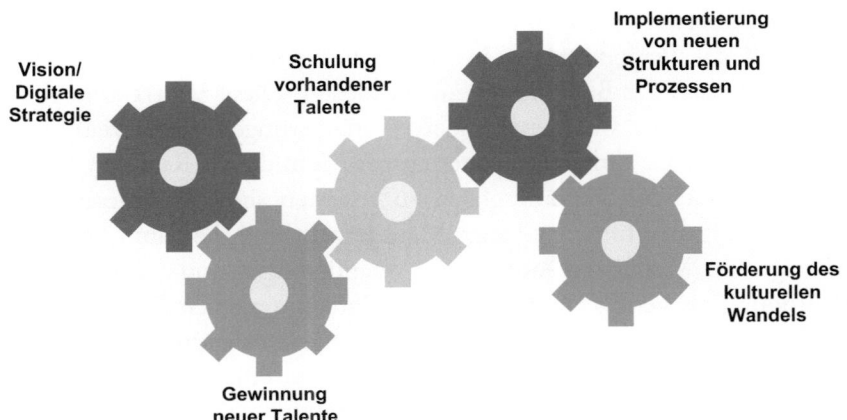

Abb. 3.1 Bausteine des Change-Managements im Zuge einer digitalen Transformation

überzeugende Vision vorliegen, auf deren Realisierung man in den Folgejahren konsequent hinarbeitet. Hierzu ist die Gewinnung neuer Talente unverzichtbar. Gleichzeitig bedarf es auch einer Schulung der vorhandenen Talente, um die vorhandenen Mitarbeiter auf die zukünftigen Aufgabenstellungen bestmöglich vorzubereiten. Ergänzend bedarf es – wie bereits aufgezeigt – der Implementierung von neuen Strukturen und Prozessen. Ob ein solcher Change-Prozess schließlich zum Erfolg führt, ist vom Ergebnis der Förderung des kulturellen Wandels abhängig.

Denn wie hat *Peter Drucker* so schön formuliert:

> **Culture eats strategy for breakfast!**

Ohne eine durchgreifende kulturelle Weiterentwicklung ist insb. der Einstieg in Horizont-2- und Horizont-3-Geschäftsmodelle nicht zu erreichen. Denn ohne eine kulturelle Transformation setzen die klassischen „Abstoßreaktionen" ein, die auch bei der Organtransplantation zu beobachten sind: die Abstoßung von nicht-eigenen Zellen.

Vor diesem Hintergrund muss herausgearbeitet werden, in welchem Ausmaß die eigenen Mitarbeiter vom Change-Prozess betroffen werden. Das jeweilige Ausmaß kann anhand der Matrix der Betroffenheit in Abb. 3.2 ermittelt werden. Hierbei wird zwischen den beiden Achsen „Ausmaß der Veränderungen in Denkhaltung und Verhaltensmustern" sowie „Ausmaß der Bedrohung" unterschieden. Diese Matrix ermöglicht eine Typologie der wahrgenommenen Veränderungen. Gleichzeitig werden dort typische Verhaltensmuster ausgewiesen, die als Reaktion auf die sich abzeichnenden Veränderungen zu erwarten sind. Aus dieser leiten sich die Aufgaben für das Change-Management und die damit betrauten Manager ab. Werden das Ausmaß der Veränderungen und die persönliche Bedrohung als gering eingestuft, ist Desinteresse an den Konsequenzen die Folge. Wird das Ausmaß der Veränderungen als gering, die persönliche Bedrohung dagegen als hoch angesehen, sind Furcht und eine Gefühl der Machtlosigkeit die oft festzustellende Reaktion. Fällt das Ausmaß der Veränderungen dagegen hoch aus, während die persönliche Bedrohung niedrig ausfällt, können auch hier Desinteresse, ggf. auch Reaktanz i. S.

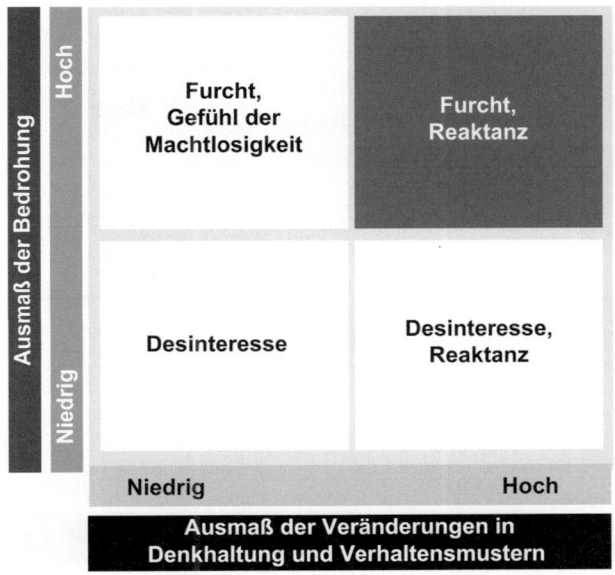

Abb. 3.2 Matrix der Betroffenheit: Typologie der wahrgenommenen Veränderungen

einer Ablehnung der Veränderungen die Folge sein. Sind dagegen das Ausmaß der Veränderungen und die persönliche Bedrohung hoch ausgeprägt, paaren sich Angst und Reaktanz zu einer explosiven Mischung (Kreutzer und Land 2017b).

Die **Analyse anhand der Matrix der Betroffenheit** ist aus der Perspektive jedes einzelnen Mitarbeiters vorzunehmen. Denn gleiche Veränderungen können vor dem Hintergrund der individuellen Erfahrungen jedes einzelnen Mitarbeiters ganz unterschiedlich interpretiert und bewertet werden. Junge, risikofreudige Mitarbeiter können solche Veränderungen als die Karrierechance wahrnehmen, während etablierte und häufig auch ältere Mitarbeiter um ihren erarbeiteten Besitzstand fürchten. Welche Reaktionen „typischerweise" bei bestimmten Veränderungsprozessen zu erwarten sind, zeigt Abb. 3.3. Die dabei vorgenommene Einschätzung kann zwischen den betroffenen Mitarbeitern divergieren. Mehrheitlich lassen sich die verschiedenen Auslöser der Change-Prozesse hinsichtlich der zu erwartenden Reaktionen allerdings in dieser Weise verorten (Kreutzer und Land 2017b).

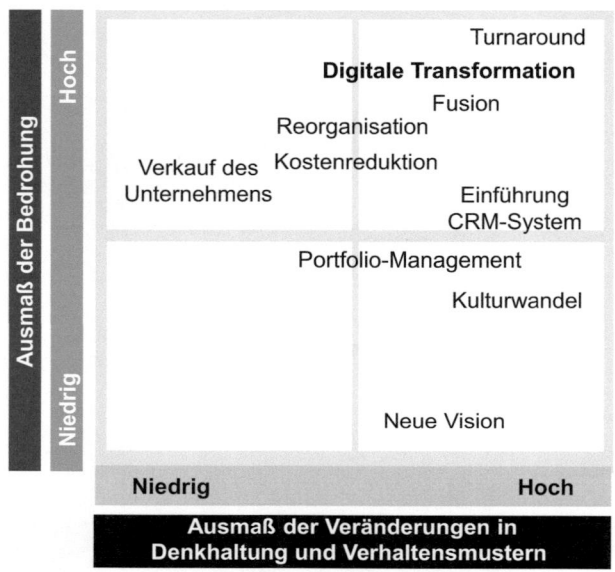

Abb. 3.3 Einordnung verschiedener Change-Auslöser in die „Matrix der Betroffenheit"

3.2   Umsetzung des Change-Management-Prozesses

Bei der Ausgestaltung des Change-Management-Prozesses kann klassisch zwischen verschiedenen Phasen unterschieden werden. Die grundlegenden Ausführungen hierzu gehen auf Lewin (1947) zurück (Kreutzer und Land 2017b):

- **Auftauphase (Unfreezing)**
  Der Startpunkt für jede Art von Veränderungsprozessen ist die Erkenntnis, dass der unternehmerische Status quo – auf den unterschiedlichen diskutierten Ebenen – den Anforderungen der Märkte und/oder der Unternehmensstrategie nicht mehr gerecht wird. Die Notwendigkeit von Veränderungsprozessen tritt immer mehr in das Bewusstsein der betroffenen Personen. Um Veränderungen

zu ermöglichen, muss dann gleichsam ein „Auftauen" des bestehenden Zustands erreicht werden. Nur so kann die Bereitschaft zu Veränderungen erzielt werden. Weil sich das Unternehmen vor der Einleitung des Veränderungsprozesses häufig in einem Gleichgewichtszustand befindet, werden hier allerdings viele Kräfte frei, um diesen erreichten Zustand zu erhalten. Um diese Beharrungskräfte zu überwinden, ist in dieser Phase die angestrebte Zielrichtung des Change-Prozesses herauszuarbeiten – damit nachvollziehbar wird, warum ein Wandel notwendig ist.

- **Bewegungsphase (Moving)**
  In dieser Phase besteht die Aufgabenstellung darin – orientiert an den Change-Ziele – notwendige Veränderungen einzuleiten. Dabei gilt es, sich von „Liebgewordenem" zu verabschieden und in vielen Bereich Neuland zu betreten. Der häufig ausbalancierte Zustand im Unternehmen wird verlassen, um Raum für neue Strukturen, Prozesse, Geschäftsfelder und Unternehmensstrategien zu schaffen. Es gilt dabei, einen neuen Gleichgewichtszustand zu definieren und diesen dann anzustreben und zu erreichen.

- **Einfrierphase (Refreezing)**
  In der dritten Phase wird versucht, die Verankerung des neuen Gleichgewichtszustands zu erreichen. Hierfür ist es entscheidend, dass zur Verankerung dieses neuen Zustands flankierende Prozesse zum Einsatz kommen (bspw. durch an die neue Strategie angepasste Anreizsysteme für die Mitarbeiter). Das Beharrungsvermögen in Unternehmen kann sonst dazu führen, dass man schnell in den „alten Trott" zurückkehrt und der Change-Prozess scheitert. Das Wiedereinfrieren des neuen Sollzustandes in der Unternehmung ist eine notwendige Voraussetzung, damit die Veränderungen nachhaltig werden.

Wenn das angestrebte Ziel eines neuen Gleichgewichtszustands dabei nicht, nicht umfassend und/oder nicht im geplanten Zeitkorridor erreicht wird, können verschiedene Ursachen zugrunde liegen. Erfahrungen mit Change-Management-Prozessen zeigen immer wieder, dass sieben große Hindernisse für ein erfolgreiches Change-Management bestehen (vgl. Braun et al. 2016; Reeves 2015; Bruch und

Menges 2010; Bruch und Vogel 2009). Diese nachfolgend zusammengefassten Hindernisse sind im Zuge des beschriebenen Prozesses erfolgreich zu überwinden (Kreutzer und Land 2017b):

1. Die **fehlende Einsicht in die Notwendigkeit des Change-Prozesses** bei Führungskräften und Mitarbeitern stellt häufig die größte Hürde bei der Umsetzung von Veränderungen dar.
2. Das **Fehlen einer Leitfigur für den Change-Prozess auf Top-Management-Ebene** untergräbt die Akzeptanz der geforderten Veränderungen.
3. Ein **Mangel an Erfahrung mit Change-Prozessen** bei Führungskräften und Mitarbeitern erschwert die erfolgreiche Umsetzung.
4. **Unzureichendes Know-how zur Bewältigung neuer Aufgaben** verlangsamt den Transformationsprozess.
5. **Grabenkämpfe** zwischen verschiedenen Personen, Ebenen und Abteilungen binden wichtige Energie auf Nebenkriegsschauplätzen.
6. Das **Fehlen eines korrespondierenden Entlohnungs-/Anreizsystems** – ausgerichtet auf die neuen Anforderungen – kann als unzureichende Zustimmung des Managements fehlverstanden werden.
7. Die **Unfähigkeit bzw. Unwilligkeit zum Wandel** von Teilen des Managements sowie der Mitarbeiter stellt ebenfalls ein großes Hindernis dar.

Wird bspw. das **Anreizsystem** nicht auf die neue strategische Ziellinie ausgerichtet, kommen Führungskräfte und Mitarbeiter in Konflikte. Soll das Verhalten auf die neuen Ziele ausgerichtet werden, obwohl gleichzeitig das „alte" Verhalten nach wie vor belohnt wird? Hier muss man sich nicht wundern, wenn Führungskräfte und Mitarbeiter den monetären Anreizen folgen. Schließlich kann das auch so interpretiert werden, dass das Unternehmen – eigentlich – auch noch nicht von der neuen strategischen Ausrichtung überzeugt ist; sonst hätte es das Anreizsystem ja schon entsprechend angepasst.

Wie stark das eigene Anreizsystem bereits auf neue Anforderungen – in Richtung Agilität, Innovationskraft sowie einem Denken und

Handeln in Netzwerken – ausgerichtet ist, kann anhand der folgenden Fragen ermittelt werden:

Wofür werden in Ihrem Unternehmen Mitarbeiter und Führungskräfte belohnt?

- Für die Erreichung präzise definierter Ziele des eigenen Bereichs?
- Für ein Netzwerk-Denken – über den eigenen Verantwortungsbereich hinaus?
- Für das Ausbrechen aus ausgetretenen Pfaden?
- Für das Infragestellen langjährig bewährter Prozesse und Abläufe?
- Für die kühnsten Ideen, die das bestehende Geschäft kannibalisieren?
- Für das „Ausleihen" der besten Mitarbeiter in virtuelle Teams?

Welche Mitarbeitertypen grds. bei Change-Prozessen zu unterscheiden sind, zeigt Abb. 3.4. Ob Führungskräfte und Mitarbeiter der Veränderung positiv oder negativ gegenüberstehen, ist vom Ausmaß der wahrgenommenen persönlichen Risiken abhängig. Beim Management des Change-Prozesses ist davon auszugehen, dass – insbesondere beim Start – einem kleinen **Promotoren-Team** eine große Mehrheit negativ

Abb. 3.4 Segmentierung der Mitarbeiter bei Change-Prozessen

eingestellter Personen gegenübersteht. Dazu zählen **Skeptiker,** die nicht an den Erfolg des Prozesses glauben. Die **Widerständigen** und vor allem die **Bremser** stellen sich den Veränderungen bewusst entgegen. Sie verschleppen Entscheidungen und boykottieren konsequent deren Umsetzung. Wenn die Personen mit solchem Widerstandspotenzial im Laufe des Veränderungsprozesses nicht für die Sache gewonnen werden oder das Unternehmen verlassen, wird der Change-Prozess scheitern (Kreutzer und Land 2017b).

Hier gilt die Leitidee: „Betroffene zu Beteiligten machen". Idealerweise gelingt es sogar, Führungskräfte und Mitarbeiter im Zuge des Change-Prozesses nicht zu „Erfüllern", sondern zu „Erfüllten" zu machen. Deshalb sind gerade auch die Bremser, Widerständigen und Skeptiker konsequent in den Change-Prozess mit entsprechenden Aufgaben einbinden. Dabei ist darauf zu achten, dass einzelne Teams nicht nur aus Bremsern oder Skeptikern bestehen. In allen Teams sind die Promotoren besonders gefordert. Diese Promotoren sind **als Change-Manager** zu schulen und zu installieren; denn sie stellen die zentrale Ressource für die erfolgreiche Ausgestaltung des Change-Prozesses dar.

Wer für die erfolgreiche **Gestaltung eines Change-Management-Prozesses** verantwortlich zeichnet, sollte sich mit den **typischen Verhaltensmustern** innerhalb eines solchen Prozesses beschäftigen. Dieser ist in Abb. 3.5 anhand der Zeitachse und der eigenen wahrgenommenen Kompetenz dargestellt. Wird Führungskräften und Mitarbeitern ein tief greifender Veränderungsprozess in Aussicht gestellt, so wird dadurch häufig zunächst eine **Schockreaktion** ausgelöst. Die wahrgenommene eigene Kompetenz sinkt, weil die betroffene Person noch nicht genau weiß, wie sie reagieren und die neuen Herausforderungen meistern soll. Wenn sich Körper und Geist vom Schock erholt haben, zeigen viele Betroffene Ablehnung bzw. Rückzug. Dabei steigt die wahrgenommene Kompetenz wieder an, weil jetzt – allerdings nur scheinbar – eine Lösung existiert: dagegenhalten. Für Führungskräfte tritt dieses Verhalten der Mitarbeiter häufig unerwartet und deshalb auch überraschend auf. Jeder Manager, der sich mit einem solchen Verhaltensmuster konfrontiert sieht, sollte sich vor Augen führen, dass diese Abwehr dem ganz normalen menschlichen Verhalten im Zuge eines des Change-Prozesses entspricht (Kreutzer und Land 2017b).

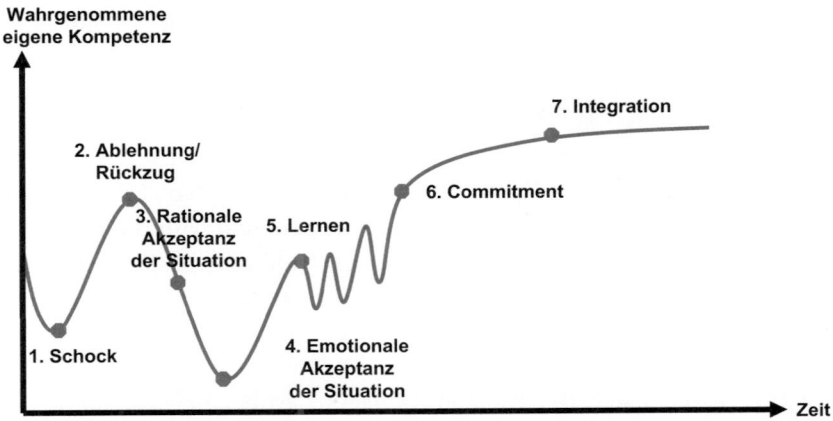

Abb. 3.5 Klassischer Verlauf eines Change-Management-Prozesses

Idealerweise folgt – informationsgestützt – auf die Phase der Ablehnung die rationale Akzeptanz der Situation. Hierbei fügt sich die betroffene Person rational in ihr Schicksal, hat es emotional aber noch nicht verarbeitet. Deshalb schließlich sich idealerweise bei den betroffenen Personen die emotionale Akzeptanz der Situation an. Dass diese Phasen tatsächlich erreicht werden, ist die Aufgabe des Change-Managers. Jetzt sollten sich Lernphasen anschließen, um Führungskräfte und Mitarbeiter in die Lage zu versetzen, sich auf die neuen Aufgaben und die neuen Herausforderungen vorzubereiten. Hierfür müssen im Change-Prozess beispielsweise Schulungen, Trainings und Coachings angeboten werden. Denn dieses Lernen erfolgt nicht von alleine. Nach mehreren Lernphasen kann schließlich ein Commitment, ein rationales und emotionales „Ja" zur Veränderung erreicht werden. Dies ist die Voraussetzung dafür, die Phase der Integration der neuen Herausforderungen zu erreichen. In Abhängigkeit vom Ausmaß der Veränderung kann dieser Prozess viele Monate oder sogar Jahre dauern!

Damit im Unternehmen erkannt werden kann, welcher Aufwand und welche Ressourcen für den Change-Management-Prozess notwendig werden, ist die Intensität der Veränderung für die betroffenen Bereiche und Abteilungen zu erfassen. Hier können zwei Dimensionen berücksichtigt werden (vgl. Kreutzer und Land 2017b):

- **Ausmaß der Bedrohung** – aus der Perspektive jedes einzelnen Mitarbeiters
  Dabei gilt: Je größer das Ausmaß der wahrgenommenen Bedrohung, desto stärker ist das Bedürfnis nach Orientierung in der gesamten Organisation gegeben.
- **Umfang der notwendigen Veränderungen in Denkhaltung und Verhaltensmustern** – bezogen auf jeden einzelnen Mitarbeiter
  Das bedeutet: Je umfangreicher diese Veränderungen ausfallen, desto mehr ist mit Unwillen und Widerstand zu rechnen, desto stärker werden Abwehrreaktionen ausfallen.

Wichtig ist, dass sich die Change-Manager darüber bewusst sind, welche **Einflussfaktoren des Change-Prozesses** zu berücksichtigen sind. Hier hilft der Blick auf das **Modell** in Abb. 3.6. Eher rational gesteuerte Manager fokussieren im Zuge eines Change-Prozesses – aber nicht nur dann – auf die **sichtbare Ebene der „Facts and Figures"**. Allerdings lässt sich allein auf dieser Ebene kein Change-Prozess erfolgreich gestalten. Von deutlich größerer Bedeutung sind die **unsichtbaren Elemente der psychologischen Ebene**. Diese sind im Zuge des Change-Prozesses

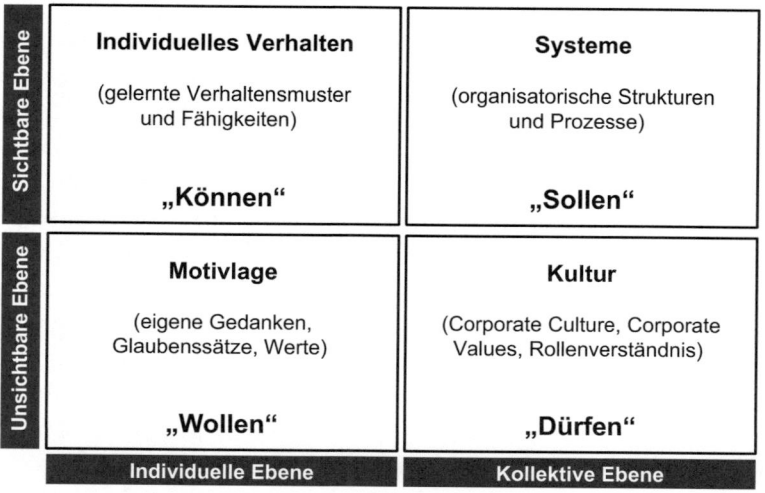

Abb. 3.6 Einflussfaktoren des Change-Prozesses

umfassend zu berücksichtigen, weil sich hier die Akzeptanz oder der Widerstand gegen Veränderungen manifestiert (vgl. weiterführend Schein 2003).

Dabei gilt: Das größte Hindernis für einen Change-Prozess ist der (bisherige) Erfolg! Die Verweigerung, Handlungsnotwendigkeiten zu erkennen, und die ablehnende Haltung gegenüber Neuerungen gilt es durch die Unternehmensführung zu überwinden. Und jede Art von Führung beginnt immer mit der Führung der eigenen Person. Deswegen kann diese Aufgabe insbesondere des Top- und Middle-Managements nicht delegiert werden. An deren Verhalten und damit auch deren Bereitschaft, „Ja" zu den notwendigen Veränderungen zu sagen, werden sich die anderen Mitarbeiter in hohem Maße orientieren.

In vielen Unternehmen ist die Ausgangssituation des Change-Management häufig wie folgt: Das **Middle-Management** stellt sich den notwendigen Veränderungen am hartnäckigsten entgegen. Warum? Weil die dort agierenden Manager am meisten zu verlieren haben: Status, Einkommen, persönliche Assistenz, großes Team, Einfluss, Firmenfahrzeug etc. Oft weisen diese Personen – im Vergleich zu jüngeren Mitarbeitern – allerdings nicht die notwendigen Qualifikationen auf, um den Wandel selbst aktiv zu gestalten. Deshalb wird hier häufig von der **strategischen Lehmschicht** – oder auch von Lähmschicht – gesprochen, die den Informationsfluss von „oben nach unten" sowie von „unten nach oben" unterbricht (vgl. Abb. 3.7). So gehen viele Ideen und Vorschläge aus der unteren Führungsebene und vom Markt verloren, weil jene vom Middle-Management nicht an das Top-Management weitergereicht werden, sondern in festgefahrenen Hierarchiestrukturen versanden.

Das **Top-Management** dagegen ist Veränderungen gegenüber häufig viel aufgeschlossener. Zum einen haben die Angehörigen des Top-Managements häufig bereits den Zenit ihrer beruflichen Entwicklung erreicht. Zum anderen wird ihnen selbst ein Scheitern und Verlassen der Organisation durch „Golden Handshakes" und anderes im wahrsten Sinne des Wortes „vergoldet". Aus einer solchen Position heraus fällt es viel leichter, mutig zu sein. Und gerade Mut, Innovationsbereitschaft und Gestaltungskraft sind an der Unternehmensspitze gefordert – aber trotzdem nicht immer ausreichend vorhanden.

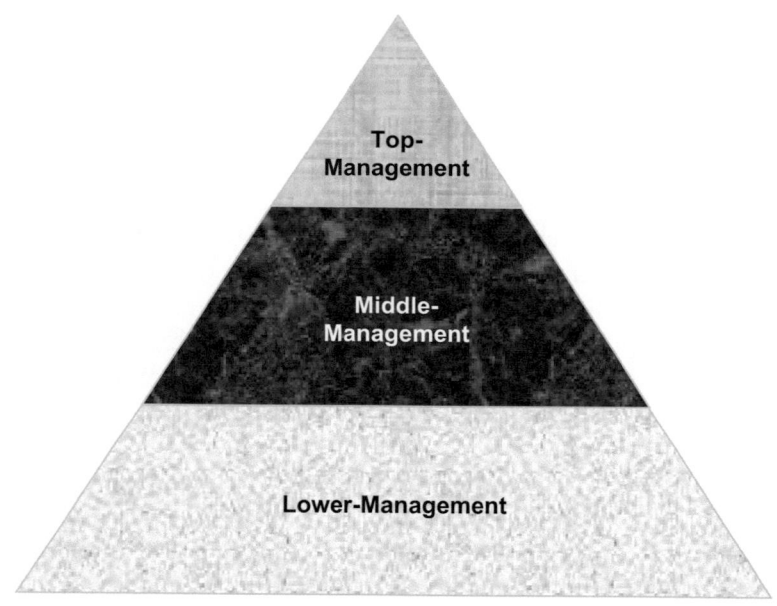

Abb. 3.7   Middle-Management als strategische Lehmschicht

Das **Lower-Management** wiederum hat einerseits wenig zu verlieren, weil die hier angesiedelten Mitarbeiter erst am Anfang ihrer Karriere stehen. Andererseits bieten gerade Veränderungen im Unternehmen die Chance, die eigene Leistungsfähigkeit und Leistungsbereitschaft nachdrücklich unter Beweis zu stellen. Außerdem werden im Rahmen der entsprechenden Change-Prozesse Positionen neu geschaffen und bisher durch andere Personen besetzte Stellen werden frei. Das macht Mut für „Angriffe" – und für ein engagiertes Arbeiten, bspw. auch in den definierten Netzwerkstrukturen.

Es sind unterschiedliche Voraussetzungen zu erfüllen, um einen **Change-Prozess** erfolgreich zu gestalten (vgl. Abb. 3.8). Zunächst ist eine überzeugende **Vision** zu vermitteln. Zusätzlich sind die zur Umsetzung notwendigen **Fähigkeiten** im Unternehmen aufzubauen. Zusätzlich bedarf es einer **Koordination** zur Abstimmung und Vernetzung der einzelnen Umsetzungsschritte. Zusätzlich sind – wie bereits angesprochen – die für den Veränderungsprozess notwendigen

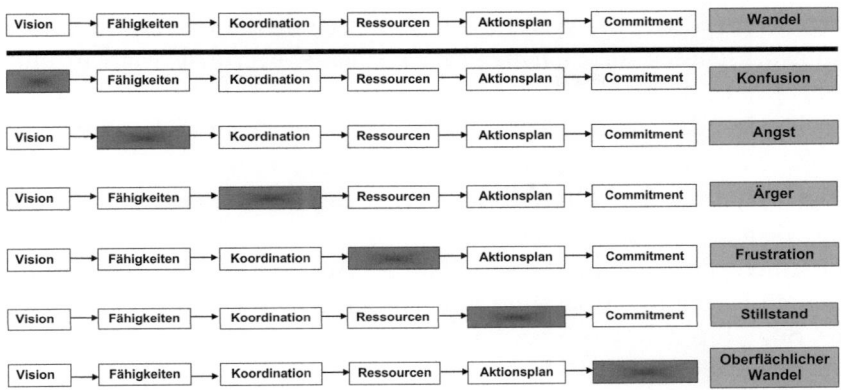

Abb. 3.8 Voraussetzungen eines erfolgreichen Change-Managements

Ressourcen bereitzustellen: finanziell, personell und zeitlich. Ein **Aktionsplan** mit konkreten Milestones ist erforderlich, um ein koordiniertes und zielorientiertes Handeln sicherzustellen. Schließlich bedarf es eines **Commitments** – vom Top-Management über alle Hierarchieebenen. Erst wenn alle Elemente berücksichtigt werden, kann der gewünschte **Wandel** erreicht werden. Wann immer auch nur ein Element nicht beachtet wird, ist ein Scheitern vorprogrammiert.

Eine fehlende unternehmerischen Vision führt zur **Konfusion** (vgl. Abb. 3.8). Alle oder viele bewegen sich – allerdings nicht im Hinblick auf ein gemeinsames Ziel, weil dieses nicht kommuniziert wurde. **Angst** stellt sich ein, wenn bei den betroffenen Mitarbeitern die notwendigen Fähigkeiten für die Umsetzung der Neuausrichtung fehlen und auch keine Möglichkeit geschaffen wird, sich diese anzueignen. Und Angst ist immer ein denkbar schlechter Ratgeber. **Ärger** und auch Wut sind die Folge, wenn die einzelnen Schritte nicht aufeinander abgestimmt sind und deshalb viel „für den Papierkorb" gearbeitet wird. **Frustration** baut sich auf, wenn die **Ressourcen** für die als notwendig erkannten Veränderungsschritte fehlen und man deshalb „heiß" läuft. Fehlt ein **Aktionsplan,** so droht Stillstand – weil sich niemand in die falsche Richtung bewegen möchte. Fehlt schließlich das **Commitment,** wird nur ein oberflächlicher Wandel erreicht. Nur scheinbar nimmt das Unternehmen Fahrt auf – unter der Oberfläche bleibt allerdings alles beim Alten! Es wird einmal mehr deutlich, wie umfassend die Aufgabenstellung des Change-Managements begriffen werden muss (Kreutzer et al. 2017).

Gerade der Qualifikation des eigenen Teams kommt eine große Bedeutung zu. Wie eine Studie der *Bitkom* in Deutschland zeigt, kommt der **Digitalkompetenz der Mitarbeiter** eine zentrale Bedeutung zu (vgl. Dirks 2017, S. 5). Die Antworten von 504 Unternehmen auf die Frage „Welche Aussage zu den Folgen der Digitalisierung für Arbeit und Beschäftigung treffen zu?" zeigen folgendes Bild (Top-2-Box-Antworten):

- 87 %: Durch die Digitalisierung brauchen wir zukünftig mehr IT-Fachkräfte.
- 79 %: Unabhängig von IT-Spezialisten benötigen wir mehr Mitarbeiter mit Digitalkompetenz (z. B. Umgang mit Anwendungssoftware)
- 77 %: Wir fördern die Digitalkompetenz unserer Mitarbeiter (z. B. durch Schulungen zum Einsatz digitaler Anwendungen)
- 54 %: Wir haben momentan Probleme, genügend IT-Fachkräfte zu finden.

Damit wird deutlich: Die Bewältigung des digitalen Wandels steht und fällt mit der Qualifikation der Mitarbeiter!

Eine Studie von Fujitsu (2017, S. 2, 9), bei der weltweit 1614 Vertreter des C-Levels befragt wurden, liefert spannende Erkenntnisse bezüglich der **Erfolgsfaktoren für eine digitale Transformation:**

- 19 %: Qualifizierte Mitarbeiter mit den richtigen Fähigkeiten
- 18 %: Kraftvolle Führung
- 17 %: Gestraffte Organisation und schlanke Prozesse
- 10 %: Unternehmenskultur, die die Transformation unterstützt
- 9 %: Zusammenführung der digitalen Aktivitäten mit der eigenen IT

Gleichzeitig wurden durch die Studie von Fujitsu (2017, S. 9) auch die unternehmensinternen **Hindernisse einer digitalen Transformation** ermittelt:

- 18 %: Mangel an qualifizierten Mitarbeitern mit den richtigen Fähigkeiten
- 13 %: Fehlende Agilität in der Organisation
- 12 %: Furcht vor Veränderungen und interne Widerstände
- 10 %: Fehlendes Budget
- 10 %: Fehlende Führung
- 9 %: Befürchtung gegenüber Cyber-Security-Risiken

Vor diesem Hintergrund sollten die nachfolgenden **Werkzeuge eines erfolgreichen Change-Managements** konsequent eingesetzt werden (Kreutzer und Land 2017b):

- Den **Startschuss für Change-Prozesse** hat der CEO oder die Geschäftsführung des Unternehmens zu geben. Dabei ist es wichtig, dass deren Beiträge für den Gesamtprozess laufend sichtbar werden und die Ziele und Handlungsnotwendigkeiten prägnant formuliert werden. Dabei ist es besonders wichtig, dass den Worten auch angemessene Taten folgen.
- Ein engagierter **Mentor in der Unternehmensleitung** begleitet den kompletten Veränderungsprozess und hilft kontinuierlich dabei, (neue) Hindernisse zu überwinden.
- Es bedarf einer kontinuierlichen **Kommunikation der Change-Verantwortlichen mit der Unternehmensleitung,** um die Unternehmensführung in den Prozess einzubinden und sich deren Rückhalt laufend zu sichern. Dabei gilt es, die definierten Milestones auf ihre Erreichung zu prüfen und ggf. weitere Maßnahmen zur Zielerreichung einzuleiten.
- Nach **Kick-off-Meetings** für die Gesamtheit der Mitarbeiter sind kontinuierlich **Abteilungs-Meetings zum Thema „Change"** durchzuführen, damit für alle Mitarbeiter auf allen Ebenen nachvollziehbar ist, welche Richtung angestrebt wird und welche eigenen Beiträge erwartet werden. So wird durch Transparenz über den Prozess die notwendige Orientierung geschaffen, die für ein koordiniertes Arbeiten notwendig ist (vgl. Frisch und Greene 2016).
- Um die Motivation für die – häufig zusätzlich zum Tagesgeschäft erbrachten – Aufgaben zu fördern, sind diese **Leistungsbeiträge**

der einzelnen Mitarbeiter sowie der Teams angemessen zu **wür-
digen.** Den Führungskräften kommt dabei die wichtige Aufgabe
zu, erreichte Erfolge für alle sichtbar zu machen und besondere
Leistungsbeiträge auch zu incentivieren.

- Im Zuge des Change-Prozesses sind die neuen oder zusätzlichen
  Anforderungen an die Mitarbeiter sowie deren **Verantwortlichkeiten**
  frühzeitig und transparent zu präzisieren. Dann kehrt zunehmende
  Ruhe in die Organisation ein, weil bekannt ist, welchen veränderten
  Anforderungen Rechnung zu tragen ist.

- Die **individuellen Leistungsbewertungen** sind auf die
  neuen Zielvorgaben auszurichten, um die gewünschten neuen
  Verhaltensmuster auch entsprechend zu belohnen und langfristig zu
  verankern. Denn warum so eine Person ein neues Verhalten zeigen,
  wenn noch das „alte Verhalten" belohnt wird.

Jedes Unternehmen ist beraten, über den Veränderungsprozess eine
bewährte Tool-Box einzusetzen, um die gewünschten Ziele zu erreichen.

Vor diesem Hintergrund ist ein **Change-Controlling** zu installieren! Dies setzt zunächst die Formulierung von präzisen Change-Zielen
voraus, weil sonst kein sinnvolles Controlling durchgeführt werden
kann. Das Change-Controlling analysiert die Implementierung und
erkennt früh (ungewünschte) Abweichungen, um dann schnell gegen-
zusteuern. Die Installation eines Change-Controllings unterstreicht
gleichzeitig die Ernsthaftigkeit und Dauerhaftigkeit der angestrebten
Veränderungen. Im gesamten Unternehmen wird deutlich, dass die definierte Veränderung tatsächlich nachhaltig angestrebt wird.

3.3 Change-Management-Prozesse für die digitale Transformation

Angesichts der zunehmenden Durchdringung von Prozessen,
Strukturen, Geschäftsbereichen und ganzen Unternehmen durch
die Digitalisierung stellt sich für viele Unternehmen die Frage nach
einer notwendigen **digitalen Transformation** (vgl. zum Folgenden

Kreutzer und Land 2017b). Dabei gilt es zunächst festzustellen, auf welcher Stufe jedes einzelne Unternehmen zu Beginn dieses Transformationsprozesses steht. Hierbei hilft ein Blick auf die Abb. 3.9. Nimmt das betroffene Unternehmen noch die Position eines **Zuschauers** ein, der die Veränderung der Kräfteverhältnisse auf den Märkten und damit das „Neue" interessiert betrachtet, ohne schon echter **Zuhörer** zu sein? Dann ist beispielsweise kein Web-Monitoring im Einsatz, um durch einen intensiven Dialog mit den Zielgruppen deren Erwartungshaltungen für die nächsten Jahre zu erfahren. Oder gehört das Unternehmen schon in die Kategorie **Analyst der Veränderungen,** womit eine tiefer gehende Durchleuchtung der durch die Digitalisierung und Dematerialisierung definierten Herausforderungen im Hinblick auf das eigene Geschäftsmodell einhergeht (vgl. vertiefend Kreutzer und Land 2015). Oder ist bereits eine **Pilotierung erster Testprojekte** erfolgt, um die Chancen der Digitalisierung in neuen Geschäftsideen auszuloten? Es kann auch sein, dass das Unternehmen bereits die Stufe der **strategischen und organisatorischen Verankerung** der digitalen Herausforderungen

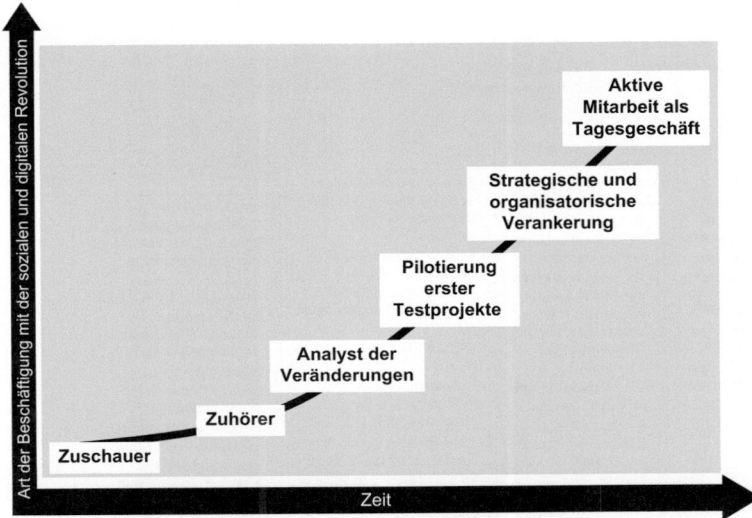

Abb. 3.9 Wo steht das Unternehmen im Prozess der digitalen Transformation?

erkannt hat und schon eine digitale Wertschöpfungskette installiert hat. Nur wenige Unternehmen haben bereits die Stufe einer **aktiven Mitarbeit als Tagesgeschäft** erreicht und sind damit auf dem Weg der digitalen Transformation schon sehr weit vorangekommen. Dann wird bspw. nicht mehr zwischen analog und digital unterschieden, weil die Strukturen, Prozesse und Leistungsangebote ganzheitlich auf die Integration der Möglichkeiten einer Digitalisierung abgestimmt sind und die digitale Transformation damit abgeschlossen wurde.

Basierend auf dieser Grobanalyse gilt es, in die verschiedenen **Phasen der digitalen Transformation** einzusteigen. In welchen Stufen sich dieser Prozess entwickeln kann, zeigt Abb. 3.10. Viele Unternehmen sind hinsichtlich der erforderlichen Transformation nach wie vor in der **Stufe 1: Experimentelle Phase** verhaftet – so sie überhaupt schon gestartet sind. Hier geht es darum – oft ohne dezidierte Zuweisung von personellen und finanziellen Ressourcen – erste Gehversuche ohne wirkliches Commitment der Unternehmensleitung zu unternehmen. Verteilt über

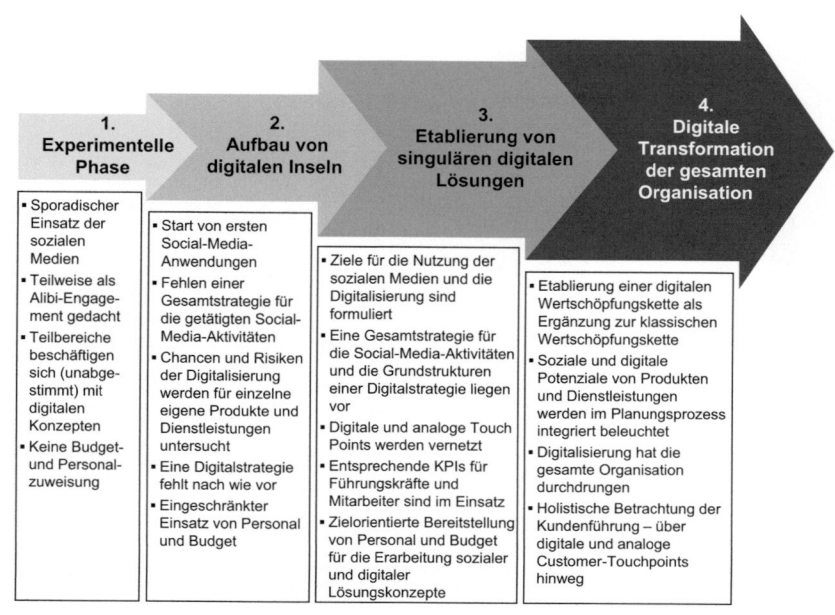

Abb. 3.10   Entwicklungsstufen der digitalen Transformation

die gesamte Organisation wird unkoordiniert versucht, erste Lösungsideen für die sich abzeichnenden Herausforderungen zu definieren.

Etwas weiter vorangekommen auf dem Weg der digitalen Transformation sind die Unternehmen der **Stufe 2: Aufbau von digitalen Inseln** (vgl. Abb. 3.10). Hier werden unternehmensintern beispielsweise erste Social-Media-Anwendungen gestartet und es wird mit eingeschränktem Personal- und Finanzeinsatz operiert. Eine Social-Media-Gesamtstrategie lässt sich allerdings auch hier nicht erkennen. Es wird punktuell geprüft, welche Chancen und Risiken mit der zunehmenden Digitalisierung für eigene Produkte und Dienstleistungen einhergehen. Eine Digitalstrategie fehlt nach wie vor.

In der **Stufe 3: Etablierung von singulären digitalen Lösungen** sind die Ziele für die Nutzung der sozialen Medien und die Digitalisierung formuliert (vgl. Abb. 3.10). Eine Gesamtstrategie für die Social-Media-Aktivitäten ist erarbeitet. Auch die Grundstrukturen einer Digitalstrategie liegen vor; allerdings ist diese noch nicht komplett ausgearbeitet. Erste KPIs zur Berücksichtigung der Ausschöpfung der sozialen und digitalen Potenziale durch die Führungskräfte und Mitarbeiter sind definiert und fließen in die leistungsorientierte Entlohnung ein. Eine zielorientierte Bereitstellung von Personal und Budget für die Erarbeitung sozialer und digitaler Lösungskonzepte ist erfolgt.

In der **Stufe 4: Digitale Transformation der gesamten Organisation** ist eine digitale Wertschöpfungskette als Ergänzung zur klassischen Wertschöpfungskette im Unternehmen installiert (vgl. Abb. 3.10). Die Potenziale der sozialen Medien sowie die digitalen Möglichkeiten zur Ausgestaltung von Produkten und Dienstleistungen werden im Planungsprozess systematisch ausgeleuchtet. Eine Unterscheidung in digital und analog wird hinfällig. Die Digitalisierung hat somit die gesamte Organisation durchdrungen. Auch bei der Kundenführung findet eine holistische Betrachtung statt. Digitale und analoge Customer-Touchpoints sind vollständig integriert. Die digitale Transformation ist erfolgt; eine ggf. erforderliche Geschäftsmodellinnovation ist erfolgreich etabliert (vgl. Schallmo 2014; Kreutzer et al. 2017).

Es ist nachvollziehbar, dass der beschriebene Prozess eines systematischen **Change-Managements** bedarf. Schließlich werden etablierte

Visionen, Werte, Ziele, Strategien, Verantwortlichkeiten, Budgets, Abläufe, Reporting-Wege und Strukturen einem grundlegenden Veränderungsprozess unterzogen. Dabei ist die gesamte Aufbau- und Ablauforganisation auf den Prüfstand zu stellen und häufig umfassend weiterzuentwickeln. In diesem Zusammenhang sind auch bestehende Informations- und Prozess-Silos aufzubrechen.

Die digitale Transformation i. S. einer Ausrichtung des gesamten Unternehmens an den Möglichkeiten und Notwendigkeiten des digitalen Zeitalters erfordert ein **systematisches Change-Management.** Dabei gilt, dass dieser Prozess immer intern beginnen muss – erst in den Köpfen und Herzen der Führungskräfte und Mitarbeiter, dann in den Strukturen und Abläufen. Erst dann sollten die Ergebnisse der digitalen Transformation nach außen getragen werden. Dabei ist sicher: Im Zuge dieses Prozesses müssen wichtige Komfortzonen aufgegeben werden, in denen man es sich gemütlich gemacht hat und die einem vertraut sind. Erst nachdem dies gelungen ist, sollte das Engagement nach außen sichtbar werden!

Ihr Transfer in die Praxis

- Wie systematisch setzen wir ein Change-Management ein?
- Sind die Führungskräfte hierfür ausreichend qualifiziert?
- Können wir die größten Hindernisse eines erfolgreichen Change-Prozesses überwinden?
- Wissen wir, welche Mitarbeiter den Change-Prozess fördern oder eher behindern?
- Haben wir alle Bausteine des Change-Managements im Blick?

Literatur

Baghai, M., Coley, S., & White, D. (2000). *The alchemy of growth*. Cambridge: Perseus.

Bass, B. M. (1990). From transactional to transformational leadership: Learning to share the vision. *Organization Dynamics, 18*(3), 19–31.

Bernardy, J. (2014). *Aufmerksamkeit als Kapital. Formen des mentalen Kapitalismus*. Marburg: Tectum.

Blank, S. (2015). Innovation at 50x. http://steveblank.com/2015/08/21/innovation-50x-in-companies-and-government-agencies/. Zugegriffen: 26. Febr. 2018.

Braun, G., Domke, B., Höhmann, I., Kestel, C., & Leitl, M. (2016). Nur Mut! Umfrage zu Veränderungsprozessen. *Harvard Business Manager, 2016,* 9–40.

Bruch, H., & Menges, J. I. (2010). Wege aus der Beschleunigungsfalle. *Harvard Business Manager, 32*(5), 23–29.

Bruch, H., & Vogel, B. (2009). *Organisationale Energie. Wie Sie das Potenzial Ihres Unternehmens ausschöpfen*. Wiesbaden: Gabler.

Burmann, C., Halaszovich, T., Schade, M., & Hemmann, F. (2015). *Identitätsbasierte Markenführung. Grundlagen – Strategie – Umsetzung – Controlling* (2. Aufl.). Wiesbaden: Springer Gabler.

© Springer Fachmedien Wiesbaden GmbH, ein Teil von Springer Nature 2018
R. T. Kreutzer, *Führungs- und Organisationskonzepte im digitalen Zeitalter kompakt*,
https://doi.org/10.1007/978-3-658-21448-7

Ciesielski, M. A., & Schutz, T. (2016). *Digitale Führung. Wie die neuen Technologien unsere Zusammenarbeit wertvoller machen.* Wiesbaden: Springer Gabler.

Davenport, T. H., & Beck, J. C. (2001). *The attention economy. Understanding the new currency of business.* Boston: Harvard Business School Press.

Dillerup, R., & Stoi, R. (2016). *Unternehmensführung. Management & leadership.* München: Vahlen.

Dirks, T. (2017). *Digitalisierung der Wirtschaft.* Berlin: Bitkom.

Ebers, M., & Maurer, I. (2014). Netzwerktheorie. In A. Kieser & M. Ebers (Hrsg.), *Organisationstheorien* (7. Aufl., S. 386–406). Stuttgart: Kohlhammer.

Esch, F.-R., & Knörle, C. (2012). Führungskräfte als Markenbotschafter. In T. Tomczak, F.-R. Esch, J. Kernstock, & A. Herrmann (Hrsg.), *Behavioral branding. Wie Mitarbeiterverhalten die Marke stärkt* (3. Aufl., S. 378–388). Wiesbaden: Gabler.

Frisch, B., & Greene, C. (2016). Die effektive Strategietagung. *Harvard Business Manager, 2016,* 72–86.

Fujitsu. (2017). *Digital transformation delivering business outcomes.* Tokio: Fujitsu.

Gartner. (2017). Gartner hype cycle for emerging technologies 2017. http://www.gartner.com/smarterwithgartner/top-trends-in-the-gartner-hype-cycle-for-emerging-technologies-2017/. Zugegriffen: 21. Aug. 2017.

Gloger, B. (2017). In Zukunft untrennbar: Agile Produktentwicklung und Design Thinking. In W. Jochmann, I. Böckenholt, & S. Diestel (Hrsg.), *HR-Exzellenz. Innovative Ansätze in Leadership und Transformation* (S. 151–164). Wiesbaden: Springer Gabler.

Govindarajan, V., & Trimble, C. (2010). *The other side of innovation – how to solve the execution challenge.* Boston: Harvard Business Review Press.

Klemm, T. (9. Juli. 2017). Die Check24-Masche. *Frankfurter Allgemeine Sonntagszeitung,* 27.

Klimmer, M. (2016). *Unternehmensorganisation. Eine kompakte und praxisnahe Einführung mit Online-Training.* Herne: nwb.

Kotter, J. P. (2014). *Accelerate. Building strategic agility for a faster-moving world.* Boston: Harvard Business Review Press.

Kreutzer, R. (2014). *Internal branding. Ein zentraler Baustein des Corporate Reputation Managements.* Wiesbaden: Springer Gabler.

Kreutzer, R. (2015). Digitale Markenführung – Dialogmarketing vor neuen Herausforderungen. In Deutscher Dialogmarketing Verband e. V. (Hrsg.), *Dialogmarketing Perspektiven 2014/2015.* Wiesbaden: Springer Gabler.

Kreutzer, R. (2016). *Kundenbeziehungsmanagement im digitalen Zeitalter.* Stuttgart: Kohlhammer.

Kreutzer, R. (2017a). *Praxisorientiertes Marketing. Konzepte – Instrumente – Fallbeispiele* (5. Aufl.). Wiesbaden: Springer Gabler.

Kreutzer, R. (2017b). Treiber und Hintergründe der digitalen transformation. In Schallmo, D., Rusnjak, A., Anzengruber, J., Werani, T., & Jünger, M. (Hrsg.), *Digitale Transformation von Geschäftsmodellen. Grundlagen, Instrumente und Best Practices.* Wiesbaden: Springer Gabler.

Kreutzer, R. (2018). *Praxisorientiertes Online-Marketing. Konzepte – Instrumente – Checklisten* (3. Aufl.). Wiesbaden: Springer Gabler.

Kreutzer, R., & Land, K.-H. (2015). *Dematerialisierung. Die Neuverteilung der Welt in Zeiten des digitalen Darwinismus.* Köln: Future Vision Press.

Kreutzer, R., & Land, K.-H. (2016). *Digitaler Darwinismus. Der stille Angriff auf Ihr Geschäftsmodell und Ihre Marke* (2. Aufl.). Wiesbaden: Springer Gabler.

Kreutzer, R., & Land, K.-H. (2017a). *Digitale Markenführung. Digital Branding in Zeiten des digitalen Darwinismus.* Wiesbaden: Springer Gabler.

Kreutzer, R., & Land, K.-H. (2017b). Ausgestaltung der digitalen Transformation. In W. Jochmann, I. Böckenholt, & S. Diestel (Hrsg.), *HR-Exzellenz. Innovative Ansätze in Leadership und Transformation* (S. 127–149). Wiesbaden: Springer Gabler.

Kreutzer, R., Neugebauer, T., & Pattloch, A. (2017). *Digital business leadership.* Wiesbaden: Springer Gabler.

Kroeber-Riel, W., & Gröppel-Klein, A. (2013). *Konsumentenverhalten* (10. Aufl.). München: Vahlen.

Laudon, S. (2017). Wie die Digitalisierung die Führungskompetenz komplett neu definiert. In W. Jochmann, I. Böckenholt, & S. Diestel (Hrsg.), *HR-Exzellenz. Innovative Ansätze in Leadership und Transformation* (S. 65–77). Wiesbaden: Springer Gabler.

Lauth, L. (2016). Der Newsroom im Unternehmen: Facts aus einer ausgezeichneten Masterarbeit. https://www.mcschindler.com/2016/03/13/der-newsroom-im-unternehmen-facts-aus-einer-ausgezeichneten-masterarbeit/. Zugegriffen: 26. Febr. 2018.

Lecinski, J. (2011). *ZMOT. Winning the zero moment of truth.* Chicago: Vook.

Lehky, M. (2011). *Leadership 2.0. Wie Führungskräfte die neuen Herausforderungen im Zeitalter von Smartphone, Burnout und Co managen.* Frankfurt a. M.: Campus.

Lehky, M. (2015). *Neue Kraft für Manager. Strategien für mehr Energie in der Führungsrolle.* Frankfurt a. M.: Campus.

Lewin, K. (1947). Frontiers in group dynamics, concept, method and reality in social science. Social equilibria and social change. *Human Relations, 1*(1), 5–41.

Morhart, F., Jenewein, W., & Tomczak, T. (2012). Mit transformationaler Führung das Brand Behavior stärken. In T. Tomczak, F.-R. Esch, J. Kernstock, & A. Herrmann (Hrsg.), *Behavioral branding. Wie Mitarbeiterverhalten die Marke stärkt* (3. Aufl., S. 389–406). Wiesbaden: Springer Gabler.

Nerdinger, F., Blickle, G., & Schaper, N. (Hrsg.). (2014). *Arbeits- und Organisationspsychologie* (3. Aufl.). Berlin: Springer.

Neuhaus, C., & Banning-Lover, R. (2016). Amazon Echo. Wie digitale Butler unser Leben verändern sollen. http://www.tagesspiegel.de/wirtschaft/Amazon-echo-wie-digitale-butler-unser-leben-veraendern-sollen/14755362.html. Zugegriffen: 28. Apr. 2017.

Nielsen. (2015). Vertrauen in Werbeformen 2015. https://de.statista.com/statistik/daten/studie/470209/umfrage/vertrauen-in-werbeformen-in-europa/. Zugegriffen: 30. Sept. 2017.

Reeves, M. (2015). *Your strategy needs a strategy: How to choose and execute the right approach.* Harvard: Harvard Business Review Press.

Ries, E. (2016). *Summary: The lean startup: How today's entrepreneurs use continuous innovation to create radically successful businesses.* London: Currency.

Rifkin, J. (2014). *Die Null Grenzkosten Gesellschaft. Das Internet der Dinge, kollaboratives Gemeingut und der Rückzug des Kapitalismus* (7. Aufl.). Frankfurt a. M.: Campus.

Robert, A. (2017). What happens online in 60 seconds? http://www.smartinsights.com/internet-marketing-statistics/happens-online-60-seconds/. Zugegriffen: 2. Febr. 2018.

Rosenstiel, L. von, & Nerdinger, F. W. (2011). *Grundlagen der Organisationspsychologie. Basiswissen und Anwendungshinweise* (7. Aufl.). Stuttgart: Schäffer-Poeschel.

Roth, P. (2017). Der Facebook Newsfeed Algorithmus: die Faktoren für die organische Reichweite im Überblick. https://allfacebook.de/pages/facebook-newsfeed-algorithmus-faktoren. Zugegriffen: 20. Jan. 2018.

Schallmo, D. ((Hrsg.). (2014). *Kompendium der Geschäftsmodell-Innovationen. Grundlagen, aktuelle Ansätze und Fallbeispiele zur erfolgreichen Geschäftsmodell-Innovation.* Wiesbaden: Springer Gabler.

Schallmo, D. (2017). *Design Thinking erfolgreich anwenden. So entwickeln Sie in 7 Phasen kundenorientierte Produkte und Dienstleistungen.* Wiesbaden: Springer Gabler.

Schallmo, D., Rusnjak, A., Anzengruber, J., Werani, T., & Jünger, M. (Hrsg.). (2017). *Digitale Transformation von Geschäftsmodellen. Grundlagen, Instrumente und Best Practices.* Wiesbaden: Springer Gabler.

Schein, E. (2003). *Organisationskultur.* Bergisch Gladbach: Ed. Humanistische Psychologie.

Scholz, C. (2014). *Personalmanagement. Informationsorientierte und verhaltenstheoretische Grundlagen* (8. Aufl.). München: Vahlen.

Schütze-Kreilkamp, U. (2017). Führung in digitalen Zeiten. In W. Jochmann, I. Böckenholt, & S. Diestel (Hrsg.), *HR-Exzellenz. Innovative Ansätze in Leadership und Transformation* (S. 17–32). Wiesbaden: Springer Gabler.

Simonson, I., & Rosen, E. (2014). What marketers misunderstand about online reviews. https://hbr.org/2014/01/what-marketers-misunderstand-about-online-reviews/ar/1. Zugegriffen: 8. Okt. 2017.

Sokolow, A. (4. August. 2015). Autobauer suchen Orientierung. *Bonner Generalanzeiger,* 7.

Sprenger, R. K. (2017). Transformationale Führung – Was will sie? Wie geht sie? In W. Jochmann, I. Böckenholt, & S. Diestel (Hrsg.), *HR-Exzellenz. Innovative Ansätze in Leadership und Transformation* (S. 3–16). Wiesbaden: Springer Gabler.